60歳からの仕事の壁

和田秀樹

青春新書
INTELLIGENCE

はじめに

いまや60代は現役世代であり、70代も現役の延長として働ける時代です。

昭和には60歳を定年とする企業がほとんどでしたが、高齢者雇用安定法の改正などにより、65歳までの雇用確保が企業に義務づけられ、70歳まで働く機会の確保も努力義務として求められています。

かつて〝老後〟と呼ばれていた60代は、現在はまったく老け込む年齢ではありません。〝人生100年時代〟で考えるならば、まだ折り返し地点を過ぎただけなのです。

かくいう私も、自著でもっとも売れた『80歳の壁』（幻冬舎新書、2022年ベストセラー）を執筆したのは62歳のときでした。

しかし、60代が元気で、世の中が変わったとはいえ、誰も彼もが同じように〝食っていけるか〟と考えると、私には大いに疑問が残ります。給料が少し増えた、株価が上がった、といっても、消費不況であることには変わりありません。なんの戦略も立てず、努力もしなければ、働く場所を得られず、食えなくなる可能性はつねにあるのです。

本書の主題である「食っていける」ということは、私にとってみると、高校生くらいから考え続けてきたテーマです。

幸か不幸か、私は受験秀才だったので、一流と言われる大学、一流と言われる会社に普通に入れれば、十分食べていけるはずでした。ただ、小学校を6回も転校して、そのたびにいじめを受けたり不適応を起こしたりしたこともあって、周りに合わせて生きるとか、人の言いなりになって生きることが嫌になってしまったのです。

医学部受験を選んだのも、金を貯めて映画を撮りたいという夢があったものの、それ以上に、嫌な人間関係や嫌な上司にあたったとしても、資格があればどこでも雇ってもらえる、食っていける、と当時から計算していたためです。

実際には、大学病院や大学の医学部というのは、教授がものすごく威張っている上下関係の厳しい嫌な世界だとわかったわけですが、最初から一匹狼でも生きていけるように医者になったので、その世界での出世をあきらめて、どうやったら食っていけるかを考え続けてきました。

留学は出世コースでしたが、私にとっては、その後、文化人として食っていくためのツール。東大の助手になったのも、出世したいからでなく、留学の費用が出るからでした。

医者は、一生食っていける資格のように思われていますが、国が医療費を勝手に決める以上、どうなるかわかりません。実際、私が医学生であった当時、医者を乱造していたイタリアでは医者の免状を持つタクシーの運転手もたくさんいると聞いていたので、リスクヘッジを常に考えました。それが教育産業だったり、文筆業だったりしました。

そんなのは「特別に頭が良かったからだ」「例外だ」と思う人は、おそらく食っていけない人に転落する可能性は高いでしょう。

私が論じたいのは、頭の良さではなく、生き方だとか、考え方だとか、生きることに対する態度や貪欲さだからです。

たとえば、勉強ができるという頭の良さだけでいえば、受験生時代だって私に勝っていた同級生は何人もいますし、東大に入ってからはもっとたくさんいます。

その中では、外資系の金融会社に移って莫大な収入を得た人、起業をした人もいますが、逆に、いちばん勉強ができるはずだった東大医学部の同級生たちは、大学病院の世界に閉じ込められ、出世競争に汲々《きゅうきゅう》として、金を稼げないまま定年を迎える人が大半です。

昔なら、東大であれ、ほかの大学であれ、教授になれれば定年後は大病院の院長に天下り、という話も少なくなかったのに、いまは大病院でも経営が重視されるので、そんな話は少なくなっています。

もちろん、本書では、医者の世界での生き残り術を書くわけでなく、「**普通に働く60歳前後の皆さんが、少なくとも10年後も食っていくには、どんな考え方、どんな生き方をすればいいのか**」を提示するつもりです。

その多くは、くだらない経済学や経営学の理論より、私自身の人生体験や、私以上に稼いでいる人との直接のつきあいで体得したものです。ときに心理学の理論も使いますが、これも私が長年心理学や精神医学を勉強してきて「使える」と思うものだけを紹介するだけで、理論にしばられるつもりはありません。

構成上は、世間で蔓延している「常識」的な考え方が、いかにあなたをお金儲けや、稼ぎ続けることから縁遠くしているかを解説する形になっています。

大多数が終身雇用の大船に乗り、中流を謳歌していた時代と違い、100人に1人しか勝ち組になれない時代。65歳までの雇用が義務化されたとはいえ、多くは、いったん60歳で定年退職した後に再雇用などで65歳まで働くケースが増えています。話を聞くと「役職なしで給料は半分程度なのに、これまでとほぼ同じ仕事内容、同じ量をやらされる」というのが実態です。その上、65歳を超えても雇ってくれる保証はありません。

勝ち組になれない残り99人は、かろうじていまは食べていけても、10年後は保証されない時代になった以上、人と同じことを考え、人と同じことをやるほうがリスクなのです。

ただ、その一方で、私が本書で紹介するような考え方を持たない人が大多数なのも事実。ある人はテレビや新聞を素直に信じ、ある人は偉い評論家や経済学者の言うことを完全に受け入れているでしょう。そういう人が勝ち組になった話を私は聞いたことがありません。

だとすると、本書をヒントとして、ちょっと考え方や生き方を変えることができれば、その100人に1人の勝ち組になれる可能性は決して小さくないのです。

100人に1人がどんなレベルかわかりますか？ 以前、『東洋経済』『プレジデント』『ダイヤモンド』などのビジネス雑誌の総発行部数が60万部だと聞いたことがあります。だとすると、会社員（労働力人口）が約6800万人とされるので、ビジネス雑誌を読んでいるだけで100人に1人に入ってしまう。数の上ではその程度の話なのです。

そう考えると、100人に1人になることはそんなに難しいことではないでしょう。

東大を出ていても、社会に出てから、ろくに勉強をしないとか行動力がないとか、発想の転換ができなければ簡単に負け組に落ちてしまうし、学歴やキャリアに自信がない人でも、意外な逆転のチャンスはあります。

会社の中ではなかなか序列は崩せなくても、金儲けという世界だと、そんな逆転はいくらでもできます。私の東大医学部時代の同級生などを見ていてもわかるように、かえって高学歴の人間のほうが、古い価値観から抜け出せないで、身動きがとれなくなっていることもめずらしくないのです。

本書に書かれていることをすべてやりなさい、というわけではありません。少しでも試してみよう、発想を変えようという視点が大事なのです。それを通じて、あなたが10年後も食える人間として生き残ってもらえれば、著者として幸甚この上ありません。

2024年12月

和田秀樹

目次　60歳からの仕事の壁
10年後も食える人、1年後すら危ない人

第1章　お金のリアル
――誰も教えてくれなかった60歳からの稼ぎ方

第2章　常識を疑え
――その「あたりまえ」が成功をさまたげている

第3章 仕事の成功
――うまくいかない本当の理由はどこにあるのか？

第4章 大人の勉強法
——念願を達成できる人、迷走して挫折する人

第1章

お金のリアル

――誰も教えてくれなかった60歳からの稼ぎ方

60歳からの仕事の壁
No.1

収　入

1年後すら危ない人の考え方

「物価高だから1円でも安いものを買うようにしている」

10年後も食える人になるには

あえて贅沢をすることで、稼ぐヒントが見え、働く意欲が高まる。

意欲を高めるには贅沢も必要！

60代で10年後も食える人になるために一番大事なことはなんだと思いますか。

答えは、「働く意欲」です。

人間は年齢を重ねる毎に意欲の低下が進んでしまいます。新しいことに興味を示さず、体を動かすことがおっくうになり、やがて人と会うことさえ避け始めます。

これらの行動意欲の低下は、脳の前頭葉の機能低下につながり、一気に老け込むのです。

だからこそ、働く意欲を高めるために努力が必要になります。

その一環として私が勧めるのは、〝贅沢〟です。

物価が高騰して給料が下がると、貯蓄に励み、お金を使わなくなりがちです。

こういった行動は一見正しいように思えますが、じつは働く意欲を低下させ、「貧乏スパイラル」に陥る典型的な考え方だと気づいているでしょうか。

お金を使わないで支出を減らすことばかり考えていても、いまの生活レベルより下がる可能性のほうが高い。10年後に「食えない人」になりかねないのです。

ましてや稼ぐ人には決してなれません。本書を通して、60歳からでも稼ぐ人になるために必要な方法を身につけ、働く意欲を高めていきましょう。

そのために最適な方法が、贅沢をすることです。

私が子どもの頃は、寿司や焼肉は父の給料日やボーナス日だけに食べられる贅沢品でした。でも、みなさんは回転寿司や焼肉チェーン店に行き、安くてソコソコ美味しい味をいつでも食べることができます。

だからこそ、あえて高級な寿司屋や焼肉店に行ってみる価値があるのです。

ふだんよりはるかに美味しい寿司や焼肉を口にすれば、稼げばこんなにいいことがあると感じられ、まずそれがモチベーションになります。

そして、2つ目の理由は、〝儲かる発想〟はお金を使ってこそ得られるものだからです。

とくに日本の土壌では、贅沢から生まれるビジネスがロングセラーになりやすい。たとえばテニス、乗馬、ゴルフはどんな時代にあっても落ち目になりません。

しかし、庶民から流行りだしたボウリングはどうでしょう？　ブームが過ぎると廃《すた》れてしまいましたよね。

かつて、この根強い〝贅沢への憧れ〟で大儲けした代表的な人物がいました。故・藤田《ふじた》田《でん》氏です。

いまでこそマクドナルドの初代社長として有名な藤田氏ですが、終戦まもない1950年、彼は宝石やバッグの輸入商を始めます。

当時は、日本国民の多くがまだ食うや食わずの時代。周囲には「宝石屋なんてバカじゃないか」と笑われたらしいです。けれど、現金が欲しい元富裕層から安く宝石を買い取ることができたのですね。

そして藤田氏の予想通り、国が豊かになるにつれて宝石は飛ぶように売れていった。いつの時代も、贅沢への憧れは儲けのヒントにつながっているのです。

回転寿司や格安焼肉チェーンの人気も、高級な食べ物だった寿司や焼肉を安く提供したからこそ、あれだけ世間に受け入れられたといえるでしょう。

“贅沢体験”で視点をチェンジ

このように、働く意欲を高めて儲けるヒントは「贅沢」にあります。

本物を知らなければ、贅沢の売り方もわかりません。どのような味や商品が好まれるのか？　それらをどうやって安く売るのか？　と考えつくことができません。贅沢なお金の使い方をしない限り、お金持ちにはなれないのです。

そもそも、生活防衛の意識だけで生きるのは、ものすごく人生がつまらなくないですか？

私はみなさんにぜひ、贅沢することを勧めたい。贅沢をすれば、その経験が後に生きたお金になり、稼ぎたい気持ちが生まれます。

それに、お金を使ったほうが、「ずっと楽しい経験をしていたい」という欲望が強くなるでしょう。生活水準をできるだけ保つために、もっと稼げる次の一手が浮かびやすいはずです。

そのために、まずはあえて贅沢という経験を積む。心を切り替えるだけで、物を見る目が変わります。

60歳からの仕事の壁
No.2
貯　蓄

1年後すら危ない人の考え方
「不況時は、やっぱり貯蓄をしておくべきだ」

10年後も食える人になるには
貯金だけでは先細り。
浮いた残業時間は副業や
自己投資をして、お金に換える。

お金を貯めるだけの生活で満足か？

この不景気で残業が減らされた人も多いのではないでしょうか。

実質、収入は減ってしまうため、さらに節約や貯金に精を出す気持ちもわかりますが、せっかくですから浮いた時間を、うまく副業でお金に換えてみましょう。

どんな経済状況でも稼げる手段を用意しておくこと。これが10年後も食える人になる最大の秘訣です。

物販系の副業なら、ネットで宣伝や販売ができ、手軽に始められそうな気がするでしょう。

しかし、肝心の買い手の〝生活防衛感〟が高い時期で、不利な面もあるのです。

収入が下がり、先行きに不安のある消費者は少ない収入を必死で貯蓄しようとします。モノの値上がりが止まらないため、本当に必要なモノ以外は買い控えるでしょう。

そんな時代にモノを売るには、まずよそよりも安く売る方法論を持つこと。『ユニクロ』

や『餃子の王将』が業績を伸ばしているのが、その典型です。

では、どうすれば個人でモノを安く売れるのか？

現実的には、個人が大型ディスカウントショップのように、商品を大量に安く仕入れるのは困難です。

やはり、ディスカウントショップという大型店舗こそのスケールメリットで、いろんな商品を安く仕入れられます。大量に買ってくれる上得意ゆえに、卸すほうも値引きに応じやすいのです。

であれば、大手が普通は扱わない商品を探すしかありません。

たとえば、家電ストアは新製品の安売り競争に躍起になる一方ですが、市場には売れない型落ち製品だっていっぱいあります。それなら型落ちの電化製品の販売ルートを確立できればニーズはあるのです。

1年ぐらいの型落ちなんて、性能に問題はありません。新古品、中古品を上手に安く仕入れれば、ネットを使って販路を開拓できます。

これが物価高時代の副業大作戦

個人の副業は発想を転換して、大手がやっていないことをやらないとお金になりません。

また、ほかの人と同様にひたすら物価高を嘆いていては、いつまでたってもヒットにつながる発想は浮かばないでしょう。

ビジネスの種を見つけるために低コストの割にバリューの高いものや、サービスを見つける目を養うことも大事です。

私はワインの勉強をするなら、最初に100万円投資しろと勧めています。高いワインを多く飲んだ経験があれば、安いワインを飲んだときに、値段の割に美味いかマズイかの区別がつくようになるからです。

自分の舌に自信があれば、値段に惑わされずにいいものを選ぶことができます。そのために〝投資〟が必要なのです。

ただし少しずつ味のレベルを上げていく勉強は、効率が悪い。

たとえば、懐石の料理店をコース料金の安い順からE店、D店、C店と食べ歩いても、舌は肥えません。単に「料金が高い店は美味い」という刷り込みをされるだけです。

この場合に正解なのは、最低ランクの店の次は、いきなり最高級の店に行くこと。両店のギャップを体感することで、D店、C店の中で値段の割にランクの高い料理を味わえる店を見つけられるようになるのです。

ちなみに、私は家飲み用のワインを2000~3000円ぐらいに倹約しています。でも、高級ワインからグレードを下げたくない場合はどうするか？

そこで、まだ相場が上がっていない国で美味しいワインを探すことにしたのです。

近年注目されているブルガリアですが、私が目をつけた10年以上前には、06年のメルローは掘り出し物なのに、ネットで買えば3000円でした。

これは一例ですが、モノの価値を見極められる力は、将来必ず役に立ちます。

副業作戦を成功させ、新たな収入を手にすることができれば、それを元手にしてさらに稼ぐ選択肢が広がります。空いた時間は積極的にお金に換えていきましょう。

60歳からの仕事の壁
No.3

借　金

1年後すら危ない人の考え方
「**借金はよくない**」

10年後も食える人になるには
〝ここぞ〟というときに思い切って借金できる人が勝つ！

成功者ほど〝多め〟にお金を借りている

周囲の人々のお金の借り方を見ていると、世の中には「良い借金」と「悪い借金」があることに気づかされます。

多くの人は「お金を借りるなら、なるべく少ない金額」で済ませようと考えるでしょう。ところが、この考えこそ「負債のスパイラル」に陥るリスクをはらんでいる。成功する人ほどお金を借りる際、「できるだけ多めに見積もって」借りているものなのです。

私自身、都内に自社ビルを建てた際、建設費用ギリギリでローンを組んでいません。やはり、数千万円分は多く見積もって借りました。そうすれば、心にも行動にも余裕が生まれるからです。

往々にして借金は少なめがいいと考えがちですが、結果的に自分の首を絞めることになりかねません。それが顕著に出るのは、独立起業する場合でしょう。

独立起業の場合、もちろん自己資金あるいは出資を募る形が好ましいですが、借金以外に選択肢がない場合、必ず余剰資金を計画に組み込むべきです。

たとえば、開業資金が500万円必要なら、1000万円借りるのです。そして事業が軌道にのるまでの回転資金に、500万円を回す。余剰資金があれば、焦ることなく日々の営業に打ち込めるので、成功の確率も上がります。

借金をして事業を始める人は、「日本が失敗者に冷たい文化」だと覚えておいてください。負債を抱えると、再起するのは相当困難になります。そうならないために、余剰資金分も含めて借りておくのです。

仕事にはステップアップできるタイミングがありますから、その際は借金での自己投資も必要ですね。

たとえば、来年までに英語が上達する条件で、海外でマネージャーに昇格のチャンスがあるのなら、お金を借りてでも英語力を身につける価値は当然あります。

借金を嫌うあまり、自己投資を1年遅らせたためにチャンスをフイにするのはもったいない話です。

じつは私自身も臨床心理士の資格取得を、多忙にかこつけて1年遅らせたのです。おかげで、そのために教授のオファーが1件飛んでしまった苦い経験があります。

お金持ちの借金、貧乏な人の借金はここが違う！

絶対にしてはいけないのは、自分を〝後がない状況〟に追い込んでしまう借金です。

そういう意味でも、キャッシングを生活の足しにするのは最悪。一時的に使える金額を増やしても、返済を考慮すれば、逆に生活の自由度を低くするだけです。

給料が下がってキャッシングでしのぐなんていう人も多いでしょうが、しのげるのは一瞬だけ。次の月からは支払いが待っているのですから……。

そもそも、借金の特色は「期限付きで使えるお金」です。だから、私は投資に回すのはお勧めしません。

株の世界には「忙しい金で株をやるな」という格言があります。

たとえば、この銘柄が上がりそうだと確信して、借金してタネ銭をつくり、買い込む。でも、すぐに値上がりする保証はない。短期的にはジリジリと下がる場合もあります。

そして借金の返済期限が迫ってきても、その時点では、まだ赤字の可能性だって十分あります。最悪、返済のために泣く泣く売って、結果マイナスなんてケースはめずらしくない。そのうえ、金を返したあとにぐーっと値上がりしたら、もう目も当てられないでしょう。

ただ、変動要素ではない投資なら、借金が富を生むこともあります。

中国やアメリカのお金持ちは、自分は賃貸に住み、住宅ローンで購入した不動産を人に貸して利ザヤを得ています。この方法は、日本でも新築マンションの優良物件に応用できると思います。

無借金主義が無条件にいいとは限りません。資金は貯めるのに時間がかかるし、チャンスを逃すリスクもある。お金を借りればつかめるビッグチャンスを「無借金主義だからNO」と、即座に断る態度には、一考の余地があるでしょう。

良い借金か、悪い借金かを分けるポイントは、借金に見合っただけの利益が得られるかに尽きます。

60歳からの仕事の壁
No.4
給　料

1年後すら危ない人の考え方

「給料が上がらないのは不景気だからだ」

10年後も食える人になるには

不況時は、専門知識と強力なコネづくりに絶好のチャンスと心得よ。

「稼ぐ人」はどんな時代でも稼げる

いまや会社員を取り巻く状況は大きく変わりました。残業代カットのため、昔は当たり前だった残業が許されない風潮となり、多くの企業では18時以降もオフィスに残ることを「人件費や光熱費などの経費がかさむから」と歓迎されなくなってきました。

これを「給料が上がらなくて大変だよなぁ」と嘆いているだけでは無意味です。あきらめて、低い収入で満足する必要はないのです。

視点を変えれば、アフター6を確保しやすくなったということ。むしろ、自己投資の時間に対する追い風と考えましょう。不景気でみんなが気力を失っているからこそ、自分を高めるチャンス。他人が尻込みしているからこそ、いまやれば10年後に差がつきます。

たとえば、私が狙い目だと思っている資格に、宅地建物取引主任者があります。これは稼げる可能性が高い。

たしかに人口減少で物件の平均価格は下がり、不動産業界は不景気のように感じます。

しかし、その分「投売り」(不良在庫を償却する目的で、赤字覚悟で商品を売り出すこと)が出るので、取引の売買件数は増えるのです。

そのうえ、不動産業界の下降によって、宅建を取ろうと思う人が減ってライバルも少ない。資格を取ればバリバリ稼げる可能性があります。

専門スキルだって、不況だからこそ安く磨く方法があります。

何かを学ぼうと学校に通う場合、たしかに授業料の相場は下がりにくいかもしれません。それならアイデア次第で〝講師〟の値段をダンピングすればいいのです。

たとえば、専門知識をもつ知人を家庭教師にして教えてもらうのはどうでしょうか?

周囲を見回せば、残業手当が減って、副収入が欲しい人がいるはずです。そこで「○時間○千円でお願いします」と頼めばていねいにレクチャーしてくれるでしょう。能力の高い先輩と強力なコネもできて一石二鳥です。

景気の悪さを嘆くより、利用しろ！

自分を高めるのは勉強だけに限りません。副業を始めて、実践的なビジネススキルを磨く方法だってあります。

ユーロが高い中、あえてヨーロッパの品物を安く仕入れる方法を模索してみてもいいでしょう。実際、知人のワイン商は以前に200万円で仕入れたボジョレー・ヌーボーを約半額で買っていました。

ほかにも、この景気の悪さを利用する商売を考えてみてもいいかもしれません。

私は35万円のスーツを持っています。でも、パッと見ただけでは、その金額はわからないでしょう。男性のスーツはそうでも、これが『ヴィトン』や『エルメス』のバッグならひと目でわかるので、欲しがる女性がいると思います。

たとえば、ヴィトンやバーキンの新作バッグを買っていた人でも、不況だから買わなくなる。彼氏もプレゼントをしてくれなくなる。

とはいえ、いまでも合コンやパーティなど、ブランドを持ちたいシチュエーションはあるはずです。

そこで、ブランド品をレンタルするサービスの需要が考えられます。しかもこの場合、新品で揃える必要はなく、質屋流れの中古品を安く仕入れれば十分。レンタルの相場は定価の10分の1、20分の1に設定することが多いので、10回転、20回転すればそれ以降は全部利益になります。

実際にこのブランド品レンタルを始めている人もいますが、低価格で勝負すれば顧客はつき、サブスクならさらに顧客は増えるでしょう。

安く浮かせたいとは誰もが考えることです。いつもならこういう習慣がある。でも不景気だから〝我慢しなきゃいけない人〟たちがいる。そんな彼らに対して、その我慢する何かを安く提供できるサービスがあれば、必ず需要はあるはずです。

こんなご時世では儲からないと考える人と、だからこそ儲かると考える人がいる。

たったこれだけで決定的な差になってしまいます。実際に儲けにまつわるアクションを起こすには、準備が必要ですが、本気で稼ぐ気持ちに切り替えれば金儲けの発想なんかいくらでも出てきます。それこそが、稼ぐ人になるための第一歩なのです。

60歳からの仕事の壁
No.5

起　業

1年後すら危ない人の考え方
「ビジネスで成功するには
なによりオリジナリティが必要だ」

10年後も食える人になるには
失敗する人ほど、理論や個性を重視する。
考えるな！
成功者のマネをしろ。

起業したいのに、できない人たちの共通点

「起業したいけど、いいアイデアが浮かびません」と嘆く人たちがいます。彼らに共通しているのは、ビジネスアイデアの〝オリジナリティ〟にこだわりすぎていることでしょう。

先日、私はとある著名人のホームパーティに呼ばれました。その席には誰でも知っている政治家や有名女優、ミュージシャンが来ていて、最初は何を話していいかわからず、戸惑いました。

すると、なんと彼らは私にフロイトの話を振ってきたのです。

一見、心理学と無縁に見える人々だったのでビックリしましたが、じつはここにこそ、彼らが成功した秘密があります。お金持ちほど人一倍、勉強しているのです。

勉強と聞くと拒否反応を示す人もいますが、ビジネスや仕事、お金儲けで結果を出すために必要な努力と考えればいいと思います。

とはいえ、「難しい経済学を身につけろ」といった意味ではありません。

どんな時代でも、お金持ちが学んでいる確実な方法は「成功者のマネ」です。

成功者は他人のマネをしないと思い込んでいる人もいるかもしれません。たしかに、オリジナリティにあふれた発想やヒラメキで、チャンスをものにしてきた人たちもいます。でも、それはほんのひと握りです。多くのお金持ちは成功するために、どの手段がベストか幅広く考え、その結果、「マネしたほうが儲かる」とか、「成功の確率が高い」と判断したら迷わずマネしているのです。

だから、お金持ちは意外なくらいに成功者の研究をしています。これこそ彼らの勉強なのです。


低リスクで儲けたいならなおさら、すでに好結果を出したビジネススタイルをどう取り入れるかを考えることは、とても重要です。

かつての『松下電器』（現・パナソニック）は「マネシタ電器」と揶揄《やゆ》されるぐらい、他社のマネをしていました。大資本がマネをするとオリジナルより評価を受けたりすることがありますから、これも合理的なやり方でしょう。

実際、アメリカのビジネススクールの講義では、理論よりも実例の紹介と分析を重視しています。つまり失敗例の研究も含めて、より多くのケーススタディを学ばせるのです。


「なぜこのビジネスモデルが成功したのか」

「このケースが失敗した理由は、なぜなのか」


これこそが、まさに実践的な〝儲かるための勉強〟にほかなりません。

人間の思考力には、著しく大きな差はありません。だから、すでに成功を収めた人のマネをするのは勝つための近道。

オリジナルの発想にこだわりすぎるから、大事な1歩が踏み出せないのです。できるだけ成功例に素直にしたがって、正確にマネをしたほうがうまくいきます。

繁盛店のラーメン1杯が、ビジネス書より役立つことも！

あるいは、競合相手の対応を見ながらプラス1を付け足す方法もあります。いわゆるシアトル系カフェの『スターバックス』と『タリーズ』ですが、全面禁煙のスタバに対して、タリーズは喫煙席を設けた店舗を出しています。これも1つの差別化ですね。誰でも探す気になれば、成功例はいくらでも見つかります。巷にはビジネス書があふれています。大事なのは、これが使えると思ったやり方をすぐにマネしてみる姿勢です。

手っ取り早く自分の仕事に活かしたければ、身近な成功者を探せばいいでしょう。職場に仕事が速い人がいるなら、とりあえずその人のマネをしてみること。自分では無理だと思っていた仕事量が、意外にラクにこなせると気づくこともあります。たとえば、成功者にならって、最初から最後まで全部読んでいた本を自分に必要な1章だけを熟読する方法に変えてみる。すると時間が縮まる上に、理解力も増します。

ビジネスパーソンの能力は「いくつの方法を知っているか」で決まるのです。

「自分の仕事以外だと、どんなジャンルの成功例から勉強すればいいかわからない」

このような場合は、自分の好きなもの、得意なジャンルの勉強を始めてみましょう。

勉強する際、最初に嫌なことから片付けたり、克服しようとする人が多いのですが、これは間違いです。


じつは「好きなことから手をつける」ことはすごく大事。その方が効率がいいからです。受験勉強なんてまさにその典型。英語が好きな人は、まず英語からやるべきです。苦手な数学から勉強し始めるから、気分がノッてこない。時間がかかったわりに、結果が全然ついてこないのです。


ですから、ぜひ、好きなジャンルの成功例を勉強することをお勧めします。

私ならラーメン屋です。たとえば、長い行列ができるA店と、短い行列のB店のどちらも食べに行きます。

すると、A店は店内で待たせてもらえないから行列が長いだけで、店の中までギッシリと行列のできているB店のほうが本物の人気店だと判明したりします。

そのうえ、美味しいラーメンも食べられるのですから、一石二鳥の勉強になります。

「成功者と自分ではものの見方、考え方が違うんだ」と思うと、半永久的に勝てません。同じやり方をすれば自分も成功できると考えて、成功例を勉強してみましょう。

もちろん勉強して知識を増やすのが目的ではありません。発想して、仮説を立てるまではやる人が多いけど、実行しなければ無意味です。

成功者のマネを実行することで、今後10年稼げる知恵を身につけましょう。

60歳からの仕事の壁
No.6

儲け方

1年後すら危ない人の考え方
「仕事するからには寝る間も惜しんで働くべきだ」

10年後も食える人になるには
お金持ちは時間の「換金感覚」「見積り感覚」を持っている。がむしゃらに働くより、時間の質を重視すべし。

お金持ちほどよく眠る、電話もでない

現在、私は3つの会社を経営しながら、年間60冊の本を出版。雑誌の連載や講演をこなし、ユーチューブをアップし、定期的に精神科医、大学教授も務める毎日です。

また映画監督としても活動しています。

そのため初対面の相手から、よく「いつ寝てるんですか?」「遊ぶヒマがありますか?」と質問を受けることもしばしばです。

でも毎日、社交・グルメ・睡眠の3つの時間を確保しています。

知人からの食事の誘いに応じてワインを楽しみ、1日2回の昼寝を含めて睡眠は8時間タップリ取ります。1日の予定が仕事で埋まり、寝る間も惜しんで励んでいると思った人たちには意外に思われるかもしれませんね。

でも、じつは時間を仕事だけに使うほうが、効率が悪いのです。

名監督の黒澤明さんは、スタッフに絶対に残業をさせなかったそうです。言うまでもなく、時間の使い方で大事なのは、量より〝質〟にあります。

では、具体的に時間の質を高める方法を紹介しましょう。そのためには2つの感覚が必要になります。

それは「換金感覚」「見積もり感覚」です。

まず換金感覚とは、自分の時間をいくらに換えられるかを把握すること。儲ける人は、通勤時間とか勤務時間、アフターファイブを、単なる時間として考えません。儲けに直結している〝換金性のあるモノ〟として見ています。

1日の時間は、誰でも平等に24時間と決まっています。その資源を使って儲ける人は、「時間の換金率」が非常にいいのです。

自分が働いている時給は、いくらか計算したことがありますか？

たとえば、年収1000万円の会社員は、時給にすれば5000円ぐらい。年収500万円なら、時給2500円です。

そう考えれば、勤務中の自分の時給が下がる行為は、時間のムダ以外のなにものでもないとわかります。

オフィスにいるからと、あらゆる電話に出てはいけません。

情報を与えてくれる相手や、会話することで信用を得たいクライアントなら、自分の時間を一時的に犠牲にしてでも電話に出るメリットはあります。

しかし、見知らぬ相手からのセールストークに応じる時間は損失になるのです。

タクシーを使って、料金以上の価値を取り戻す方法

資格の勉強をする場合でも、漠然と「取ったら得だ」ではなく、「この資格があればどれぐらい収入が増えるか」を考える。そこから必要な勉強時間を計算します。

資格取得後の5年間で、年収が毎年200万円上がるとすれば、資格の勉強に200時間費やしても1時間で5万円稼いだのと同じです。それがわかるだけでも、モチベーションがまるで違いませんか?

読書やビジネスツールの買い替えもすべてそうです。いまの仕事の効率を上げるか、自分の給料を増やすか「換金性」で考え、割が良ければ実行するのです。

私が東京から川崎の病院まで通勤していた頃は、道中は東海道線のグリーン車を利用し

ました。静かな環境で資料に目を通したり、原稿を読んだり、休憩すれば、グリーン料金は十分に元が取れるからです。

あるいは精神分析の勉強のためにアメリカに行く場合は、午前中に着くフライトが多いので、ビジネスクラスに乗り、ゆっくりと眠って、到着してすぐ行動できるように心がけています。

グリーン車やビジネスクラスを利用するのは贅沢に思う人もいるかもしれません。たしかに、新幹線のグリーン車で漫画を読んだり、ダラダラ寝るのなら意味がないでしょう。しかし、その移動時間の換金率が料金コストにペイできるなら、必要経費です。地下鉄の乗換をして汗だくで相手先に向かうより、資料を読み込んで集中して臨める結果、商談もまとまる、となれば自腹でタクシーに乗るべきです。

2番目の時間の「見積もり感覚」は、1日のスキマ時間に何ができるか的確に見積もれる力です。この見積もり感覚で、時間の使い方のうまい人と下手な人の差が出ます。

たとえば、打ち合わせの相手から5分遅れると連絡があったとき、どんな作業ができると見積もれるか？

私なら5分間であのメールの返事をすませられると、すぐ使い道が浮かびます。長文になりそうな用件なら、電話をかけて伝えれば5分でＯＫ。15分間空けば、私は週刊誌やビジネス誌の気になった記事を精読するか、短いコラムを執筆します。30分なら場合によっては仮眠。１時間あれば4～5枚の原稿を書き進めますね。このように時間の見積もり感覚を的確にしておけば空き時間を有効に使えるのです。

では、どうすれば時間の見積もりが身につくのでしょうか？

残念ながら、物事の処理時間に個人差がある以上、自分の見積もりは自分で把握するしかありません。そのために、日常の１つひとつの動作に対して所要時間を意識して生活してみましょう。

食事に○分、歯を磨くのに○分、シャワーは○分、Ａ４の書類１枚を仕上げるのに○分かかるのか。そういったことがわかれば、空き時間をダラダラせずにすみます。

自分の時間の単価を考え、仕事の効率を良くするために投資する。さらに、時間のムダを省いていけば、必ず大きな見返りがあります。

第2章

常識を疑え

——その「あたりまえ」が成功をさまたげている

60歳からの仕事の壁
No.7

資　産

1年後すら危ない人の考え方

「50代はもう趣味や人間関係を広げる必要はない」

10年後も食える人になるには

50代は人生を豊かにする

人脈・趣味づくりの時期ととらえる。

10年後もいまと同じ質・量の仕事ができるか？

できれば、皆さんに会社にいる50代から準備しておいてほしいことがあります。

これからのビジネスパーソンは会社に頼らずに生きるしかないからです。

20年前までの、終身雇用で守られていた50代とは違います。

よほど会社に必要な人材ではない限り、いまの40代以上はただ〝コストがかかる人〟にすぎないでしょう。

誰でも究極的には「会社頼みではない人生プラン」を描かなければならないし、そのために50代から、転職でも、起業でも、資格取得でもいいので、70歳、80歳まで続けられるキャリアが必要になってきます。

となれば、社内にいる間にいろいろと準備しておきたいことがあります。

まず、いまやっている仕事が〝限られた条件〟でしか成立しない内容か、客観視してみましょう。

たとえば、宣伝担当としてバリバリやっていたとしても、冷静に考えたら、大きな仕事の看板で、多額の予算を与えられている結果じゃないかと気がつくかどうかです。

実際、客観視できずに、これまで大きな会社で、大きな仕事をしていた人が、独立したとたん食えなくなる現実もあります。少ない予算、スタッフでも水準以上の成果を上げられるのがプロです。

また、残業時間と疲労する頻度はどうでしょう？

どちらも多ければ、体力に頼った仕事をしている証拠です。

50歳をすぎたら通用しないので、睡眠や休養を十分とりながら、いまと同じ仕事量をこなせるようになる工夫が必要になります。

50代にしておくべき本当のこと

日本の自殺者数は以前よりは減りましたが、それでも年間2万人を超えるストレス社会です。このなかで生きなければならない以上、50歳を超えれば心身のケアが大事です。

年齢を重ねても健康的な生活を送るために、50代で探しておきたい3つを提案します。

1つめは「立場を超えた人間関係」。とくに社外の相手と交流を深めることです。50代になれば、かなりの権限を任され、発注元として〝上の立場〟で外部の人と接することも多いはず。しかし、その一時的な立場だけで、威張ったりするのは愚の骨頂です。不況で解雇、あるいは倒産という状況で、「ウチで働きませんか?」と声をかけてくれるのは、取引先が多いのです。あなたが上司や同僚と仲がよくても、同じ憂き目に遭っているからアテにできません。

起業時にも取引先は頼りになります。出資を申し出たり、「あなたの作る会社なら取引してもいい」と協力してくれたりすることもあるでしょう。実際、『楽天』を創業した三木谷浩史氏は、銀行員時代からいろんなコネを作って顔を売っていたといいます。

以前、高校の同窓会で愛想良く人間関係を築いていたエリート社員と、いまの立場を絶対的と信じて尊大だった官僚に再会しました。

2人の未来は……予想できますよね?

2つめは「一生楽しめる趣味」です。あなたの趣味は年令を重ねても楽しめますか？

50代に楽しく感じるものは年を取ってからも楽しさは同じです。私の「一生楽しめる趣味」の一つがワインです。30代のころ、女性誌の連載があり、打ち合わせや打ち上げで美味しいワインを飲む機会が増えて、自分でも探し求めるようになりました。2013年には日本ソムリエ協会から「ソムリエ・ドヌール（名誉ソムリエ）」を授与されています。

最後は「心の主治医」、いわゆるかかりつけの精神科医をもつこと。

ただ、注意してほしいのは、精神科医にはピンキリがあることです。良心的な医師を見つける方法をお教えしましょう。

少し不眠症っぽい程度の軽い症状のときに、精神科医を回ってみるのです。

その際、ろくに問診もせずに、ただ薬を処方する医師は感心できません。逆に、「ストレスがありますか？」など患者の情報を得ようとする医師なら良心的です。

60歳からの仕事の壁
No.8

成果主義

1年後すら危ない人の考え方

「年功序列よりも成果主義のほうがやる気がでる」

10年後も食える人になるには

甘い言葉には裏がある！
「誰」が言ったかではなく、
「何」を言ったかに着目する。

成果主義で誰が得したか？

能力主義、グローバル・スタンダード、規制緩和、構造改革……。マスコミが耳あたりの良い単語を流す度に、今度こそ世の中が変わると期待した人もいるでしょう。

しかし、物価高騰、賃金据え置き、日本経済の低成長……。ほかにも、暗い話題ばかりが蔓延する世の中になったのはなぜなのか？

じつは、お金持ちのついた「甘いウソ」にだまされてしまったのです。

たとえば、「成果で給料に格差をつければ、モチベーションが上がる」。この主張をする裏には、お金持ちに都合の良い「カラクリ」が隠れています。

あなたは大食いタレントのギャル曽根と同じ量を食べたら1億円あげると言われたら挑戦しますか？　もちろんごく一部の人間は頑張るでしょう。しかし、大多数の人は、最初から意欲を失うのがオチです。

これが日本の会社が導入した能力主義の給与制度の実態。全体の1割に満たない成績優秀な社員に破格の報酬を払い、残りの9割以上は低賃金に甘んじます。

心理学の実験で明らかですが、人間は到達可能な目標にしかモチベーションを高められません。

社員の士気高揚と称して成果主義に変えるより、ヒラ社員と課長の月給の差が3万円しかない時代のほうが平均的な労働意欲は高かったのです。

では、なぜ経営者が年功序列、終身雇用のシステムを壊したかったのかといえば、人件費のコストカットのためです。

若い頃に薄給に耐えて頑張った多くの社員が中高年に差しかかり、人件費が増えます。そこで、年齢相応の高給を渡す約束を反故《ほご》にし、働きと収入が見合っていないとリストラの対象にまで追い込んだのです。

派遣労働によって雇用の流動化をはかるというのも、お金持ちの甘いウソです。

本来、政府は労働者が正社員であるほうが年金や保険の天引きが可能なので好ましい。しかし、クビにしやすく、安価な労働力の派遣社員の存在は経営者側にとって都合がいいのです。

お金持ちのウソにだまされるな！

さらに、日本のメディアが、いかに富裕層に都合のいい情報を流しているかを示す典型例が「各国の消費税率の比較」です。

とくにテレビ番組で、消費税の値上げをテーマに取り上げる際、欧州各国の消費税率の〝高さ〟が引き合いに出されます。スウェーデンの25％をはじめ、イギリス、ドイツ、イタリア、フランスなど表に並ぶのは、軒並み20％近い税率ばかり。コメンテーターから「日本の10％は、先進国の中ではかなり低い」といわれたら、納得する人もいるでしょう。

でも、だまされてはいけません。ここで紹介された国々は、所得税も、日本より高いのです。とくに最高税率が高く、所得の多い国民、つまり金持ちほどたくさんの税金を支払うシステムです。

しかし、テレビ番組ではその数字に触れられることはありません。消費税だけでなく所得税もアップしよう、という議論に発展すれば、お金持ちにとって百害あって一利なしだからです。

マスコミは庶民の味方になってくれていると反論のある読者もいるかもしれませんが、テレビや大手新聞のスポンサーは大企業で、そこの社員は高給取りだらけです。

成果主義のアメリカでNYタイムスの記者の年収が6万ドル程度なのに（今は円安で日本並になりましたが）、日本の3大新聞で1千万円もらっている社員は少なくない。テレビキャスターにしても、破格のギャラを手にしながら、心底から庶民の味方になるのは難しいと思います。

ほかにも、規制緩和で公平な競争ができると言われました。でも、実際はどうでしょう？規制緩和は、公平な競争どころか、地方在住の弱者に負担を強いています。JRが国鉄から民営化して利益を求めた結果、利用者の少ないローカル線は〝合理的〟に廃止されました。郵政民営化も同じ道をたどり、地方の郵便局は潰されるでしょう。

でも、そこで、世界中の先進国が不況に喘いでいるんだから仕方ない……と思うのは、日本とアメリカのニュースの印象にすぎません。

たとえばフランスでもイギリスでも、ドイツでも、次の仕事が見つかるまでさまざまな形でフォローするので日本より長期間、失業保険を受けられます。そのため不景気でも個人の購買力が維持でき、内需が落ちません。

アメリカ国内ではナイキに押されてシェアを減らしたアシックスが、欧州の市場で業績を上げて、時価総額が上場後初めて1兆円を突破しました（2023年8月）。

ヨーロッパに関する国内報道は、金持ちに都合のいい事実ばかりをピックアップするため、このような明るいニュースも伝わらないのです。

では、どうすればお金持ちのウソにだまされないですむか？

「属人思考」ではなく、「属事思考」をすることです。

属人思考とは「○○さんが言うことだから」と判断する思考です。たとえば、和田秀樹が主張しても納得しないが、同じことをMITのダロン・アセモグル（ノーベル経済学賞の受賞者）が言えば信頼する、という考え方です。

これでは、健全な議論も判断もできません。肩書きや自分の好き嫌い、発言者は誰かに関係なく、その発言内容だけで正否を判断する、属事思考を意識すべきなのです。

そうしないと、大マスコミは有名人を連れてきて、自分たちに好都合なコメントをさせます。マスコミの思うつぼです。疑うクセを持つことで、10年後も稼げる人になれます。

60歳からの仕事の壁
No.9

グローバル化

1年後すら危ない人の考え方
「狭い日本にとどまらず、世界に向けたビジネスをする」

10年後も食える人になるには
日本の良さにこだわれ！「ガラパゴス思考」が現状を打破する力になる。

カニを食べるために高速で3時間。その心は？

私が仕事の必要性に迫られてスマートフォンを購入した当初、便利さを上回ってあまりあるストレスのタネでした。

キーボード操作に慣れた身からすれば、タッチスクリーンでは文字が打ちにくい。勝手に誤作動を起こす。目上の知人に電話がかかって、冷や汗をかいたこともありました。

そうかと思えば、肝心なときに反応が鈍い。ショートメッセージが表示されなくて、食事のお誘いに気づけず、あやうく欠席するところでした。

かつて日本の家電品のメーカーは、ユーザーの使い勝手のよさを十分研究してから発売していたし、故障も少なかった。しかし、グローバル・スタンダードに合わせたら、かえって日本の製造技術は退化しました。

じつは、現在の日本の低迷は、「ガラパゴス化」をやめたことも一因です。日本の常識を貫き通していいのです。いまこそ、その良さを見直してみましょう。

ガラパゴス化と聞くと、一般的に周囲から取り残され、時代に乗り遅れたイメージがあります。しかし、語源となったガラパゴス島を見てみてください。素晴らしい魅力があり、ゾウガメやウミイグアナなど独自の生態系をもち、世界中から観光客が訪れます。

2011年、世界遺産に登録された小笠原諸島も同じです。過去に一度も大陸と陸続きになったことがない歴史が、独自の価値を生んでいるのです。

皆に合わせた同化は、価値を高めることとイコールではありません。

アメリカは、多種多様な国に見えて、各州のダウンタウンの街並みに大して違いがないのです。碁盤の目に区切られた町に高層ビルが10本ぐらいあって、ショッピングモールのテナントはどこも同じラインナップです。

だからこそ、アメリカ人が旅行に行きたがるのは、〝普通ではない場所〟が多い。いわゆるガラパゴス的な町です。東海岸ならボストン、ワシントンDC、西海岸はサンフランシスコ、LA、サンディエゴ。それも、特徴のある狭い地域に人気が集中します。

日本でも同様です。鳥取県には松葉ガニと紅ズワイガニの水揚げ日本一を誇る境港があります。この名物を食べるためだけに、高速で3時間かけてくる関西人は多い。

ガラパゴス化の最大の価値は、ほかと違う個性があることです。

島国・日本で何が悪い！

島国・日本は世界の潮流から孤立していると批判されました。〝日本の常識、世界の非常識〟と揶揄《やゆ》されたこともあります。

しかし、その批判の中身を吟味せずにガラパゴス化から脱却しようとして、いまの低迷を招いたと私は思います。

日本の輸出産業がかつての勢いを失ったのは、他国と同じ品質で高級感のない製品を、大量に作って、安さ競争をしたツケです。いくら安くスマホを作っても、価格競争の相手はサムスンやアップルです。10年以上前の超円高の状況で、海外で勝負できましたか？

ガラケーなら、国内の他メーカーと比べていいものを作ればいい。円高にビビる必要はなかったのです。

ユーロが170円もした時代に、パリのホテル「リッツ」はスタンダードの部屋が700ユーロ（11万9000円）でした。それでも予約殺到です。エルメスもヴィトンもユーロの相場に関係なく売れています。

文化は多様であればあるほど、成熟しているといえます。マンガ、ゲームなどのオタク文化もそうですね。ちょっと憚《はばか》りながら挙げると、アダルトビデオも日本独特の多様化を見せています。日本は先進国の中でめずらしく、無修正ポルノが禁止されている国です。そのため、見る人の欲求を満たそうと、さまざまな工夫が凝らされているのです。

制約が加わることで多様化することもあるのです。臓器移植が禁止されていたころの日本は、人工心臓の技術が世界一でした。生体肝移植の技術も生まれました。禁止された環境の中で、ほかと違う工夫をするようになるのです。

情報の〝鎖国化〟で市場価値が高まる

このガラパゴス化は、ビジネスパーソンが自分の価値を高めるのにも利用できるはずです。ほかの人と違う取り柄を持てば、市場価値は上がります。無理やり、周りに合わせた能力をもっても差をつけにくいでしょう。グローバル化で英語を身につけようと生半可に勉強しても、帰国子女にはかなわず、スマホの翻訳機能にも勝てません。

結局、自分の能力を人と同じ基準で競っているうちは芽が出ません。他人が決めた尺度での勝ち負けで現状打破は難しいのです。

現状を突破するのは、自分の尺度。まさにガラパゴス思考です。

自分の社内で1番の能力なら、価値があります。それは、コピー機を直させたら誰にも負けない、といったことで十分。いちいち業者を呼ぶ必要がないから重宝されるのです。

徹底的に方言を勉強すれば、どこの県からお客が来ても相手ができるなど、自分独自の進化をすることが大事です。

最後に、究極のガラパゴス思考を紹介します。それは無制限に〝取り入れる形〟の勉強をやめることです。

いまの時代、ネットを始めとして情報があふれすぎています。そんな環境で知恵をしぼっても、新しい発想は生まれにくいでしょう。必要以上に情報を入れないことで、人と違う考え方ができるようになり、市場価値を高めることができます。

60歳からの仕事の壁
No.10

情　報

1年後すら危ない人の考え方

「正しい情報を仕入れるには新聞がいちばんである」

10年後も食える人になるには

世の中の情報は9割がウソ！
うまい話に踊らされず、
反対意見もチェックする。

100％客観的な情報なんてないと心得よ！

かつて、1週間ほどネットのニュースしか見られない生活をしたとき、私は毎日イライラしました。一見、速報性に優るネットの情報ですが、掘り下げが足りないスカスカの内容ばかりで、どの記事にも理解が浅くなるのです。

やはり国際情勢、経済情報、そして事件の背景まで含めた概要を知るのに有効な情報源は、新聞ですね。あらためてその良さを見直しました。

でも、そんな新聞でさえ誤報を流すことがあります。あるいは、意図的に世論を誘導する場合もなくありません。

一時期、少年の凶悪犯罪が激増していると思わせる論調の記事が巷にあふれていました。しかし、統計の数字を見れば昔より減ったことが一目瞭然だったのです。

2011年3月11日の原発事故以来、連日のようにマスコミは放射能の危険を煽《あお》る報道を続けています。

でも、多くの場合、危険と安全の線引きはあいまいで、主観に基づく内容ばかりです。現状の放射能が完全に安全だという気はありませんが、危険だとの証明もできてはいません。あるいは、コレステロールが多いとメタボリック・シンドロームとなり、生活習慣病の原因とも報じられました。いまや、やせ型のほうが健康で長生きできると信じる人は多いはずです。

しかし、実際は世界中の多くの疫学的な統計を確認すると、いちばん長生きなのは〝太り気味〟の人なのです。さらに精神科医の立場から言うと、コレステロールの高い人はうつ病から回復しやすい傾向もあります。

気をつけなければ、信ぴょう性に欠ける情報を真実だと思い込まされてしまいます。つまり、情報とは「発信者の都合のいいように加工されたもの」だということです。

私は学生時代に週刊誌のライターをしており、その際、数多くの情報が加工される過程を目にしました。

ニュースの場合も、最初に結論があります。つまり取材とは、そのテーマに沿った人のコメントやデータを集めること。極論すれば、メディアに載る情報で100%完全に客観的な情報なんてないと考えたほうがいいのです。

メタボの危険をあおると国が儲かる⁉

先ほどのメタボの危険性も、国民の健康を守ろうという善意で始まったとは思えません。ちょっと太めの人のほうが長生きしているのに、逆にやせ型が健康だとイメージづける。すると結果的に薬が売れ、検査の回数も増えるわけです。ビジネスになる以上、世の中には得をする人が出てきます。

さらに財務省は、太めの人よりやせ型の人の寿命が6～7年短いので、やせ型の国民を増やせば年金を支払わなくてすむと考えているかもしれません。

情報の発信者はウソ情報を流すだけではありません。必要な情報を隠蔽する場合もあるのです。

たとえば、労働組合のある会社は、毎月の給料から労働組合費が引かれている理由をご存じですか？　これは専従職員を雇うためではありません。

じつは、ストライキ行使の際、組合員の給与を支払うための「積立金」なのです。スト期間中は労働を拒否するわけですから、雇用者は給与を払いません。それでも、組合員が条件闘争を続けられるために、積み立てた組合費から給与を保障するのです。

でも、ストが皆無のいま、その事実を知る人も少ない。春闘の時期でも、マスコミは告知しません。弱い者の味方を装っても、経営者や金持ちに都合の悪いことは報道しないのです。

情報に踊らされれば、国の形さえも変わってしまいます。

現在、禁煙の風潮が非常に強いといえます。たしかにアルコールと比べれば、発がんリスクはタバコのほうが高いし、動脈硬化のリスクも認められます。

しかし、アルコール依存とニコチン依存では、社会的に不適応者になる可能性はアルコール依存のほうがはるかに高いのです。

にもかかわらず、喫煙者ばかりが目の敵にされるのは違和感があります。裏で誰かの意図が働いていそうです。

あるいは、新幹線の新駅を作れば周辺地域が活性化すると誘致活動が盛んです。でも、過去事例を調べれば交通の利便性が高くなると、周辺の都市に消費者が吸い出される「ストロー効果」で、逆に地元の衰退が進むことは明白です。

新駅ができたのに地価が下がるというパラドックスさえ起きていることがわかります。

この手の情報のウソにだまされない方法は、2つあります。

それは「過去事例をチェックすること」と「両論を見てバランスを取ること」です。過去事例の数字を当たるだけでいろいろ考察できます。

情報に違和感があれば、すぐ統計を調べる習慣をつけることは大事です。そして、両論を見るとは、ひとつの情報で満足せず、反対意見のチェックも怠らないことです。情報を正しく制す者が、10年後も食える人でいられるのです。

60歳からの仕事の壁
No.11

副業

1年後すら危ない人の考え方

「高齢者向けビジネスなら介護関連に限る」

10年後も食える人になるには

成功する人ほど〝逆張り発想〟をする。
高齢者向け＝介護では、
一生儲けられない！

お年寄りが死ぬまでに本当にしたいこととは？

不況のときは低価格を売りにしたビジネスが栄えます。

でも、一方でお金を持っている人をターゲットにして、高い単価で稼ぐ方法もあるのです。

いまどきそんな恵まれた人がいるわけがないと思いますか？

じつは、いわゆる「勝ち逃げ組」の高齢者がそうです。

好況時に退職金３０００万円ほど手にし、現在も厚生年金や企業年金で毎月40万～50万円ずつ振り込まれています。バブル崩壊、と聞けば全員が損をしたイメージですが、不動産を買って〝沈んだ人〟がいる以上、高値で売って〝浮いた人〟もいるのです。

私自身、30億で家を処分し、いまは「安いから」と6億円の高級老人ホームに入っている人を知っています。

日本の個人金融資産の6割は、60歳以上が保有しています。

しかも欧米の金持ちの資産は株やファンドですが、日本の個人資産は半分が現預金で、

4分の1が保険年金なので彼らが使う気になれば、すぐにも動かせます。

景気の停滞の一因に、このお年寄りたちが消費に結びつきにくいことも挙げられます。そこで彼らにお金を使ってもらうビジネスを始めることができれば、景気回復にも貢献できるでしょう。


では、財布のヒモの堅い彼ら相手にどんなビジネスが考えられるか？　短絡的に「お年寄りだから介護・福祉」なんて発想をしていたら儲けられる人になれません。

しかも、あえて不謹慎な言い方をすれば、富裕層の夫婦は未亡人になる確率が高いわけです。平均寿命は男性81・09年、女性87・14年（2024　厚労省調べ）ですからね。

高齢者の女性の立場で考えると、じつは若い人には簡単にできるのに、彼女らにはやりにくいことが世の中にはいっぱいあるのです。

たとえば、懐石料理やフレンチのコースを食べたいお婆さんがいるとします。

お金は問題ないのに1人ではどうも行きにくい。そこで、店探しから予約の一切を代行して、一緒に食事して話し相手にまでなるサービスには需要があると思います。

しかも、80代の女性からすれば、50代、60代の男性は年下です。若い男性と接する機会も少ないでしょうから喜ばれるでしょう。2人分の食事代に2万円ぐらいプラスして請求してても需要はあるはずです。

100人の見込み客がいればビジネスになる

もちろん、おじいさんへのサービスもいろいろ考えられます。たとえば、『吉兆』みたいな一見さんお断りの店を体験したくても、入れないお年寄りもいるでしょう。

接待で使ったことがあって、あなたが吉兆の予約を取れる立場であれば、新橋で芸者遊びも兼ねて1回30万円セットのツアーを組むなども考えられます。

「そんなサービスにカネを払うお年寄りはいないよ」と思うかもしれません。

ですが、その競争相手が少ない状況こそ最大のチャンスです。

おおげさにいえば、約3000万人の高齢者の中に100人の見込み客がいれば、副業としてなら成り立つビジネスなのです。

高齢者＝半病人みたいな固定観念にとらわれていたら、稼ぐ発想が広がりません。年をとっても異性を相手にお酒を飲むことが楽しくないわけがないのです。

ましてや、不況で水商売を始めるチャンスも増えている。地方の繁華街の立地のよい場所でも、空き店舗がポロポロ出ています。だから〝居抜き〟で借りやすいのです。東京だって〝保証金ゼロ物件〟が出ていますからね。

そこで店舗を借りて「高学歴ホストクラブ」も〝あり〟ですね。

チャラチャラした肉体派が、すべての女性に魅力的とは限りません。主な顧客層である水商売や経営者の女性に合わせているのでしょうが、シニアの女性は行きづらい雰囲気に感じるでしょう。

それなら、50代、60代の紳士さが売りになる店をやるのです。一流企業からリストラされた世代をホストに雇って、インテリ好きの女性にアピールする店も成立しそうです。

ただシニア向けサービスは高齢者相手なので、ネットで告知しても集客効果が薄いことがネックです。高級住宅街でチラシを配るとか、老人が多い会合なり、サークルに営業に行くなど、宣伝にはネット以外の努力が必要になるでしょう。

最後に、介護ビジネスにも軽く触れておきましょう。

とはいえ、あなたに介護士の資格を取ることを勧めるわけではありません。

現在、老人を抱える家族が旅行する場合、あるいは病気などで介護ができない場合でも、無料の介護サービスは予約が殺到していて順番待ちの状態です。

でも意外に知られていませんが、有料老人ホームには体験入居や短期預かりなどのサービスがあります。1日1万5千~2万円と有料になっても、老人を預かってもらえば助かる家庭は少なくありません。

そこで、その両者を仲介してみる。複数の有料老人ホームと契約して、こんなサービスがあるのでご利用くださいと営業代行すれば、みんなに喜ばれるでしょう。

いずれにしても、高齢者向けビジネス＝介護という発想では、おそらく一生儲けられません。それ以上に「ＡＩの時代にどんなものが喜ばれるか」を考えることが重要です。詳しくは次章の№15「ＡＩ」の項で後述します。

第3章

仕事の成功

——うまくいかない本当の理由はどこにあるのか？

60歳からの仕事の壁

No.12

仕事力

1年後すら危ない人の考え方

「仕事は完璧にこなすべきだ」

10年後も食える人になるには

現代はスピードが最優先。ビジネスも、人生も、「60点主義」でうまくいく。

満点主義になるほどクオリティはダウンする

お見合い結婚と恋愛結婚では、離婚の確率が高いのはどちらでしょうか？

一般的には、本人同士が熱烈に愛し合った末の恋愛結婚が長続きするように思えます。

しかし、統計的には、どうも離婚しにくいのはお見合い結婚のようです。

戦前には約7割を占めていたお見合い結婚ですが、90年代半ば以降は、もはや1割を下回っています。

しかし、１９６５年に約8万件だった離婚件数は、逆に年々増え続け、２０２０年以降は年18万～19万件前後に達しています（厚生労働省調べ）。つまり、恋愛結婚の急増に比例して離婚件数も増えているとの見方もできるわけです。

私は、これを「満点主義」と「60点主義」の差と考えます。

恋愛結婚は満点の相手を選んだ意識が強い分、理想と現実のギャップに耐えられず、一度破綻するとモロいのです。

しかし、お見合いは最初から１００％気に入っている場合が少なく、相手の実像に対して寛容に受け入れやすい。

これは恋愛に限りません。ビジネスでも、人生でも、60点主義を勧めます。


まず、なぜ満点主義を勧めないのかを説明しましょう。

ひと言でいえば現実的ではないからです。

プロスポーツの選手を見ればわかります。打率10割のバッターも、全試合を完封するピッチャーもいません。

受験でも全教科を満点とることは不可能に近いでしょう。

どうしても現実の満点は難しいため、満点主義者は、自分の〝頭の中の満点〟を目指しがちになります。

ビジネスでもスポーツでも、当たり外れの差が大きな人の原因はそこにあります。すごい作品を1～2作出しても、それ以外は駄作に近い映画監督や小説家もそうです。

もちろん、本人は1本1本に気合を入れているのでしょう。でも、じつは満点主義で取り組めば取り組むほど、逆にクオリティは下がりやすいのです。

なぜなら、自分の頭の中での満点だから、周囲の意見や、市場の要望を受け入れません。なまじ成功経験があるから、どうしても自説にこだわります。

基準は〝自分が納得する満点〟ですから、どれだけやっても終わりがありません。結果として、満点主義は〝生産性が低い〟のです。

一方、60点主義というと誤解されやすいですが、要は〝合格点主義〟です。満点とは似ているようで違います。

合格点は、自分だけでなく、〝相手も考える合格のレベル〟をクリアすることです。わかりやすく、自分の著作活動で説明しましょう。

私は、この10年間、毎年30～60冊は出版しています。時々、「よくそんなに多作でいられますね」と感嘆されます。

中には「手を抜いているから、そんなに出せるんだろう」と批判する人もいますが、それは的外れな指摘と言わざるをえません。

胸を張っていいますが、私は手を抜いて本を作ったりしませんし、自分自身で最終原稿のチェックまで行なっています。どの著書もそれなりに面白いと自負しています。

そして実際、私に限らず、手抜きをする著者であれば、出版社は10年間も、それだけの数の出版を許さないでしょう。私がコンスタントに作品を出し続けられるのは、まさに〝合格点主義〟の賜物です。

60点主義は、仕事のコツをつかむのがうまい!

これから生き残るのは、60点主義のビジネスパーソンだと断言できます。

その理由は、大きく3つ挙げられます。

1つは、満点主義の人と比べて、えり好みをせずにオールマイティに仕事を引き受けられることです。

企業もサバイバル状態のいま、よほど専門性の高い人材でない限り、自分はこれだけしかやりたくないなんてワガママは通りません。

その点、60点主義の人は「すべての仕事に満点を出す」なんて気負っていませんから、気軽に頼まれてくれる。

度を超すと〝便利屋〟になりかねないので、サジ加減は必要ですが、一般的に声をかけやすく、フットワークの軽い社員は悪い扱いは受けません。

2つめのポイントは、スピードです。

基本的に60点を超えればOKですから、作業が滞らない。会社の仕事は、極論するとクオリティよりも、納期を守るほうを求められる場合が多いのです。

何人、何十人ものスタッフが関わっているのだから、とにかく次の工程に出して動かしていくことが大切で、いつまでも案件を1人の社員が抱えている状況のほうが問題です。ウンウンうなってこねくり回さずに水準レベルの出来で出してもらえば、必要なら上司が手を加えて70点にすればすみます。

それを納期ギリギリ、最悪の場合オーバーしてから「完璧に仕上げました」と提出されても困ります。ましてや上司から見て〝完璧〟かどうか、保証の限りではないわけです。

3つめの利点は、60点主義者は、どんな仕事でもコツをつかみやすいことです。満点主義者は、うまくいかない理由を〝量の不足〟に帰属させがちです。

たとえば、1日50件回っているのにうまくいかない満点主義の営業担当は、目標を100件に増やしてしまいます。ダメならさらに120件とキリがありません。自分はできて当然と考えているから、結果が出ないのは努力が足りないと悩むのです。

しかし、60点主義社員は自分を満点とは思わないため、50件回ってダメな時点で、やり方が悪いのかもと発想できる。だから、新しい仕事を任されても、成果を出す道を見つけやすいのです。

仕事は、60点主義のほうが生産性が上がります。満点主義者の自覚がある人は、いますぐ考え方を切り替えましょう。

60歳からの仕事の壁
No.13
行動力

1年後すら危ない人の考え方
「**仕事は慎重すぎるぐらいでちょうどいい**」

10年後も食える人になるには
1人で考え込むより、どんどん動いて、どんどん試す。足りないところは人と組んで補えばいい！

稼ぐ人の共通点は「フットワーク」の軽さ

新しいチャレンジをするとき、慎重すぎるぐらいがちょうどいいと思っていませんか？

残念ながら、その姿勢ではチャンスを逃すかもしれません。たとえ、世の中が停滞期でも、何歳になっても、あなたの人生まで停滞期にする必要はありません。

その打開策として、意識して欲しいのが、〝フットワークの軽さ〟です。

世の中が停滞期でも、果敢にアクションを起こして儲ける人はいます。自分を高めて、上昇気流に乗る人にとっては、短期的な世界不況なんて恐れる必要はありません。いまや大企業でさえ、チャレンジ精神を失って、思考が硬直化しています。

一例を挙げましょう。

世界のリーディングカンパニーが何社もある日本の自動車業界ですが、保守的になり、弊害が生まれているようです。

先日、60代の知人が新車買い換えで嘆いていました。「せっかく新車を買うのに同じ車種が買えない。新モデルは大型ばかりで、欲しいサイズは、みんな旧型だよ」と。

高齢者のドライバーにとって、大型サイズの運転は怖いものです。つまり、これまでのマイカーの最新モデルが大きすぎたため、違う車種からちょうどいいサイズを探して乗り換えようとしていたのです。

ところが、日本の自動車メーカーは超高齢社会に対応していません。海外市場に輸出する都合を意識するあまり、車を大きくしすぎているのです。

現在の日本には、とくに高齢者向けの商品・サービスが圧倒的に不足しています。だから、「いけるかな?」と思えるアイデアが浮かんだら、積極的にトライすればいいのです。

ネットもあるし、大きな予算は必要ありません。フットワーク軽く、自分のやれる範囲で挑戦する価値はあります。

スティーブ・ジョブズだって人と組んで成功した

貯金もないし、ビジネスアイデアもなければ、特別なスキルもない。そんな風に悲観的に考えて、アクションを起こすことをあきらめてはいけません。

それらすべてを補うことも可能なのが〝人脈〟です。

世の中がどう変わっても、頼りになる人脈を持っている人は強い。年齢が上になると、交際範囲を限定する人がいますが、絶対にもったいないです。

自分1人ですべてを満たす必要はありません。自分の欠点を補ってくれる人と組めば解決する問題です。あのスティーブ・ジョブズだって、技術力のあるスティーブ・ウォズニアックと、資金力のあったマイク・マークラの3人でアップルを創立しました。

もし、あなたがいいアイデアを持っているのに、営業能力がなくて、販路が作れないとします。でも、世の中には営業スキルは高いけど、たまたま現在の勤務先の商品には魅力を感じていない人もいるかもしれません。

この2人が組んで、お互いに足りない部分を補い合えば、素晴らしいビジネスモデルを立ち上げられます。

人に頼ることへの抵抗感は捨てるべきです。

そもそも、自分の欠点を直そうとしても、たかが知れています。成功する人は、他人に素直に依存できます。1人でなんでもやろうとすれば、すべて中途半端になりかねません。他人とうまく協調することで、より大きな上昇気流に乗れるはずです。

とにかく、フットワークを軽くして行動します。何をやっても自分や世の中は変わらないとあきらめたら、本当にそのまま時間が過ぎてしまいますよ。

フットワークを軽くするために、次の3つを心がけてください。

・何歳からでも自分は変われる
・資本がなくても、時間が限られていても、自分が動くことはできる
・ひとつの考えに固執しない

このような思考のできる人間になれるかどうかで、上昇気流に乗れるかどうか決まるといっていい。何から手をつけていいかわからない人は、とにかく自分の考えを柔軟にすることから始めましょう。

事件、ニュース、情報に対して、いろんな方向性で自分なりに勉強してみるのもお勧めです。とはいえ、マスコミや世論に流されていては、いつまでも変われません。

思考の権威主義にとらわれている限り、新しい発想や、自分なりの視点は生まれないでしょう。

実際に現在、主流の経済論やマーケティング論を用いても、結果が出ずに現実は停滞しています。長いものに巻かれる式の勉強は不毛なのです。

ただし、フットワーク軽く動くといっても、手を出さないほうがいいものの1つに〝依存性のある趣味〟があります。これには短期的な快楽の強いものが当てはまります。

具体的にはお酒やギャンブル。どうしてもやりたければ数字で自己管理しましょう。いくらしか賭けない、何杯しか飲まないといった考え方です。いずれにせよ、行動あるのみ。

フットワークの軽い人ほど、いまの世の中、成功するチャンスをつかめます。

60歳からの仕事の壁
No.14

労　力

1年後すら危ない人の考え方
「ためにならない仕事はやりたくない」

10年後も食える人になるには
幸福度は「どれだけ人を幸せにしたか」で決まる。とくに目上の人には、お金より時間を使え！

仕事で貧乏クジを引いてしまったらどうするか？

バブル経済の頃には、世の中の流れに乗り遅れたら損だと考えた人々が、銀行からお金を借りてまで不動産や株に投資しました。

その結果、高値でつかんだ人ほど大きな被害を受けた。損得を見極めるには、いろんな角度で眺めることが大事です。

たとえば、貧乏クジを引かされたような仕事が回ってくることはないですか？

誰かの代理の役目であるとか、誰かの補佐に回るような仕事です。でも、見方を変えればチャンスであり、得かもしれません。

代理の仕事はそつなくこなすだけで合格点がもらえます。補佐する相手は仕事ができる人間が多いので、そのやり方を間近に学ぶこともできるでしょう。

目先の利益だけを追わずに、長期的な視点を忘れないでください。

じつは会社員でいることが、すでに得なのです。ファーストリテイリング代表取締役会長兼社長、柳井《やない》正《ただし》氏の著書『一勝九敗』（新潮社）は、起業家よりも会社員にこそ当てはまります。

ベンチャービジネスや投資で、9敗できるだけの損に耐えられる人は少ないでしょう。でも、会社員なら9敗が許される環境がある。損することを経験できます。

そして大きな1勝をあげれば評価される。いまは失敗続きでも損だけとは限りません。


もし、自分に能力がないと思うなら、情報を発信して役に立つことを考えてみましょう。面白い遊び場、美味しいお店のネタをそこそこ握っていれば職場でも人気者になれます。

やはり、体験に勝る一次情報はないのです。自分自身が面白かった、美味しかったというデータは、1番確実でしょう。

知人の料理評論家・山本益博《ますひろ》さんと一緒に食事をしていると、よく彼に問い合わせの電話がかかってきます。「いま横浜にいる人」からお勧めの店を聞かれ、いつも彼はていねいに教えていますからね。

お金を惜しんでも、手間を惜しむな！

かつてブータン国王が来日した際に話題になった『幸福度』について考えてみましょう。私が友人と出した結論は、「どれだけ人を幸せにしたかで決まる」というものです。

実際、「和田先生のおかげで志望大学に合格できました」と声をかけられると、私自身、本当に幸せな気分になります。

反面、出世や収入だけでは、必ずしも幸せになれるとは限りません。

私は高齢者医療に携わっていますが、入院している方々を見ていると、明らかな〝格差〟が生じています。それは見舞い客の数です。奥さんや子ども、元同僚やプライベートの知人まで毎日病室を訪れて、笑いの絶えない患者。一方、知人の見舞いはほとんどなく、家族さえ稀にしか顔を見せない患者もいます。

話を聞けば、後者は骨身を惜しまずに会社に尽くし、出世を遂げたのですが、代償として周りの人々を幸せにできなかったようです。

会社の肩書きはあなたの人生の一部に過ぎません。やはり人生の損得は、お金だけではない。わずかな労力と時間を惜しんで、信頼やチャンスを失うことも損です。

以前、ある大学のベンチャービジネス研究会の講師に私は招かれました。その席で学生たちに起業は人と人のつながりが大事という話をしたのです。

最後に「明日、私が初監督した作品の試写会があるから、時間がある人はどうぞ」と誘いました。ところが当日、学生は1人も姿を見せませんでした。

不思議なことに映画の試写会ひとつとってみても、多忙な人ほど足を運んでくれます。やはり、成功している人は、人づきあいのために時間の投資を惜しみません。

学生に限らず、これからも成長したいと考えるなら、目上の人の信頼を得るには時間を使うほうが有効です。少なくても私は銀座で何十万円も使って接待してもらうより、長年の夢を実現した映画を観に来てくれるほうが、よほど嬉しいです。

時間をケチり、お金で補おうとしても信頼は得られず、本当に仲良くはなれません。

時間をうまく使えば喜ばれるし、経済的にも得です。

60歳からの仕事の壁
No.15
AI

1年後すら危ない人の考え方
「AIの進化で仕事を奪われるのは一部の仕事だけだ」

10年後も食える人になるには
AIと人間で、不得意な部分を補い合い、最高の成果を上げる！

AIを使いこなさなければ生き残れない時代が来る！

10年後も食える人を目指すのなら、ＡＩ（人工知能）との関わりを避けては語れません。いまやＡＩの躍進ぶりには目をみはるばかりです。

知人である、デジタルネイチャー研究室を主宰する筑波大学図書館情報メディア系准教授の落合陽一氏も「ＡＩが人間の国語力に追いつくのは２０２６年の予定だったのに、すでに２０２３年で追いついてしまった」と驚いていました。

にもかかわらず、日本ではＡＩへの意識や対応が遅れています。チャットＧＰＴが出てきた際も「論文の盗用に使われる」「宿題のレポートをＡＩが代行してしまう」などの些末な議論に終始していました。もはや、そんなレベルの話ではありません。

将来、さらにＡＩが普及すれば、食えない人が大量に出現するすさまじい時代が到来するはずです。どう考えても企業はＡＩを活用するからです。人件費より安価で使え、処理スピードは人間より遥かに速く正確なうえに、24時間働かせ続けても文句を言いません。

現在の議論では、宅配便のドライバーやタクシードライバーなどの一部の仕事だけがＡ

Ｉに取って代わられると言われますが、予測が甘すぎます。

私はありとあらゆる業界でＡＩが導入されると確信しています。

医療業界でも人間の医師がほとんどいらなくなるぐらいに活躍すると思います。もちろん現在でも部分的にＡＩは導入されていますが、将来は医者の代替的な存在になっても不思議ではありません。レントゲン、ＣＴ（コンピュータ断層撮影）、ＭＲＩ（磁気共鳴画像法）などの画像データと、血液検査の結果の数値などから診断を下すことに関しては、ＡＩの分析のほうが正確であり、見落としもありません。

オンラインを駆使すれば、1日に1万人規模の患者を診断することも可能でしょう。正確な分析力、大量の処理能力に関しては人間ではＡＩに及ぶべくもないのです。

しかし、人間が勝つ方法はあります。

万能に思えるＡＩですが、不得意な分野がいくらでもあります。あなたがその部分を補う能力を持っていれば、ＡＩをうまく使いこなせるでしょう。おそるべき敵かと思えたＡＩは10年後に食っていく人にとっては強力なパートナーになりうるのです。

稼ぐ人間がＡＩを使うための能力は、次の3つになります。

・問題発見能力
・対人コミュニケーション能力
・売れ筋を選ぶ能力
すべてを兼ね備える必要はありません。どれかひとつを磨くだけで充分です。

"ドラえもん"を頼る"のび太"になれ！

まずは「問題発見能力」について解説します。

IT（インフォメーション・テクノロジー）革命が叫ばれていた時代に、同時にデジタルデバイド（IT技術を利用できる・できないによって生じる格差）が懸念されました。たしかにITに関しては、スマホ、パソコンを使えない人は情報にアクセスすることさえできません。使いこなすにはIT技術を習得していることが必須条件でした。

しかし、AIに関しては難しい知識や技術はまったく求められません。基本的には、こちらが命令すれば、その通りに動いてくれるのがAIですから、高齢者も覚える手間がなくなります。すでにＡＩアシスタントの「Siri」や「アレクサ」などは口頭で命令するだけで必要な行動を取ってくれます。

そこで、問題発見能力が問われるのです。ＡＩは「言われたことを実行する能力」は抜群ですが、ゼロから自分で考えて実行するわけではありません。人間の命令によって真価を発揮するので「ＡＩに指示を与える能力」が重要視されます。差が生まれるのはその部分です。問題を発見し、解決をはかれる人が食える人になるのです。

ＡＩをドラえもんとするなら、あなたは〝のび太〟になるのです。

22世紀から現代に来たドラえもんは、未来のひみつ道具をたくさん持っています。しかし、それらを四次元ポケットから取り出して役立てるのは、小学生・野比のび太がトラブルや願望を提示してからです。勉強も運動もからっきしののび太は、日常のトラブル解決や、子どもらしい願望を、次々にドラえもんに伝えます。

「ジャイアンに貸したまま取られそうな漫画を取り返したい」「みんながあやとりに夢中な世界にしたい」「祝日をもっと増やしたい」といった問題に対して、ドラえもんはひみつ道具をのび太に渡して解決します。これこそ、ＡＩと人間の関係と言えるでしょう。

ビジネスも同様で、問題発見に優れた人が、ＡＩをうまく使いこなせるはずです。

ＡＩにはない〝温かみ〟で勝負する！

次は、「対人コミュニケーション能力」です。

身も蓋もない話ですが、どんなに商品説明が正確で完璧であっても、ＡＩからはモノを買いたくないという人が一定数はいます。セルフレジの操作に抵抗感を示し、行列に並んでまで有人レジを選ぶ高齢者がいるのはその証左でしょう。

やはり自動車でも生命保険でも、直接挨拶に来てくれる人間の営業職から買いたい人は、これからの10年間でゼロになるとは思えません。ＡＩが主流になる一方で、お客さんに温かく接する対人コミュニケーションに長けた人も食えるのは間違いないでしょう。

医療現場でも「優しい○○先生に診てほしい」という患者は一定数いるはずです。愛想の良さやわかりやすい説明、あるいは患者の要望に耳を傾けるなどＡＩにはマネできないコミュニケーション能力で、リピーターを増やす医師は勝ち組になります。

また、医師の重要な役割として、患者に安心感を与えることが挙げられます。かかりつけ医として患者を長い間診てきた経験から、個人差を考えて対応できる医者は生き残るでしょう。たとえば、ある患者の血圧の数値を見て、AIが「平均値を超えたから血圧を下げる薬が必要」と回答しても、医師の判断で「これぐらいならまだ飲まなくても大丈夫ですよ」と〝薬漬け〟にならないように配慮して様子を見る。

医師にかぎらず、対人コミュニケーションが高い人は、面倒くさい実務の仕事は全部AIに任せて、自分は宣伝や客対応に徹することで集客力を増す時代になります。

税理士にしても、会計の実務を人間がやっていた時代は、1人の税理士の抱えられる顧客は30〜50人程度だったかもしれません。しかし、実務をAIに任せる時代になれば、客ウケのいい税理士なら数百人単位の顧客を集めても対応できるはずです。

大衆にウケる商品の目利きになれ！

3つ目は「売れ筋を選ぶ能力」です。

コンビニの棚を見ればわかるとおり、短いサイクルで大量の商品が入れ替わります。そんな中、ヒットするのはほんの一握りのアイテムだけです。パンでも飲み物でも、音楽でも小説でも、一般大衆にどれだけ同調できるかが売れる要素として大事だと思います。数ある商品の中で「これが一番大衆に受けそうだな」と選ぶ能力がある人は、今後も食っていけるのは間違いありません。

売れ筋を見つけるシステムで成功した人の例を挙げましょう。

音楽制作会社ビーイングの創始者でプロデューサーの長戸大幸《ながとだいこう》氏。彼がヒットさせたCMソングは枚挙にいとまがありません。ある雑誌によると、彼のプロデュース方法は独特で、まず曲のイントロだけを10～20種類用意するそうです。その段階でクライアントに聴かせ、気に入ったイントロを選ばせてから曲を仕上げるやり方だといいます。フルサイズで何曲も聴かせるよりも、短いイントロだけなら、一般の人でも聴き比べて良い悪いの判断がしやすいわけです。

ワイン業界からも、ワインの採点方式「パーカーポイント」の生みの親であるワイン評論家ロバート・パーカーの例を挙げます。アメリカの弁護士だった彼はある日、仲間を集めて、ヴィンテージのフレンチワインを飲む会を催しました。有名なシャトーのワインを5本飲んだ参加者はさぞかし絶賛の嵐かと思いきや、意外にも黙ってしまいます。

その様子を見たロバートは「君たちの言いたいことはわかる。まずいだろ」と言いました。フランスで美味しいとされるワインでも、必ずしもアメリカで同じ評価を受けるとは限らないのですね。嗜好品は飲む人によって好まれるテイストが違うのです。

そこでロバートはアメリカの一般大衆が飲んで美味しいワインに点をつける「パーカーポイント」を考案して、自分が発行する雑誌に載せたのです。パーカーポイントが高いワインは、アメリカ人が飲んで美味く感じるので信頼されるようになりました。

長戸氏やロバートが用いたシステムは、まず大量のサンプルを必要とするので、それができる人でなければ難しい方法でした。しかし、現在はＡＩを使えば同じことができます。大量のサンプル作成をＡＩが肩代わりしてくれるからです。

人力を使わなくても、「別れの気持ちに合うような悲しいバラードを作って」と命令すれば、ＡＩが１００曲以上用意してくれます。あるいは、「若い人向けの仕事術の本を作りたい」と言うだけで、ＡＩは１００種類以上のタイトル案を出してくれます。

人間がすることは、その中から最適のひとつを選ぶ作業だけです。

自分は目利きではないという人もいるかもしれません。しかし、特別な感覚の持ち主である必要はないのです。大衆に売れそうな〝筋〟を感じられるセンスは、1人の庶民としての感覚とかけ離れたものではないと私は考えます。

これが売れそうだな、と感じられるものを同じように感じる人が多くいればいい。全ジャンルは無理でも、自分の好きなジャンルであれば鼻が利くのではないでしょうか。

AIが用意したサンプルの中で「これは売れそうだ」と思うものを選び、次の工程に進みましょう。失敗しても、また新しくチャレンジすればいいのです。その試行錯誤を低予算で、短期間にできることが、AIを活用する強みでもあります。

AIは決して仕事を奪う敵ではなく、いままで以上の成果を上げるための心強い味方になるはずです。デジタルネイティブと呼ばれる世代は、たしかにIT関連に長けているかもしれません。しかし、50代、60代は人生経験や人間力など、若者にはない感覚を活かすことで、10年後のAI時代にもしっかり稼ぐことができるでしょう。

№11「副業」の項で触れましたが、儲けるには「AIの時代にどんなものが喜ばれるか」

を考えることが重要です。たとえば、チャットGPTが出てきた際、「高齢者が打ち明けるいろんな悩みや愚痴に応える犬型のロボットを作れば売れるだろう」などと考える。

認知症で、間違えて2日続けてトマトを買う人のために「カメラ付き腕時計にAIを搭載し、冷蔵庫の中身を覚えさせて、スーパーに行ったら『まだ家にありますよ』と教えてくれるようにする」などと考える。

ウクライナが500ドルで、3キロまで爆薬を積めて40キロ先の敵を攻撃するドローンを使っているニュースを聞けば、「これの20倍のパワーがあれば体重60キロの人を40キロ先まで運べるドローンが100万円くらいで作れるのではないか」と発想する。「そうすれば歩道橋を渡れずに困ることがなくなる」と思いつく。

そして究極は、「掃除、洗濯など家事をなんでもやってくれるロボットができれば、老人ホームに入らず、最後まで家で過ごせるので、1000万円でも売れるのではないか」と想像する。

こういう発想があれば、高齢者向けのビジネスで何か成功できると信じています。

60歳からの仕事の壁
No.16

頼り方

1年後すら危ない人の考え方

「人に頼るのは自分の能力不足のように感じる」

10年後も食える人になるには

情けないのは、頭を下げられないこと。
お願い上手になれば、
仕事がどんどんうまくいく！

私が2本目の映画を監督できたのは……

私の2本目の監督作品『「わたし」の人生《みち》　我が命のタンゴ』（2012年8月公開）は制作期間こそ短かったのですが、編集作業と並行して、資金集めに奔走し、大変でした。じつは、某スポンサーから約束していたお金が得られず、資金難に陥ったのです。そのため、援助してくれそうな人と会っては、出資をお願いして回りました。知人からもお金を借りました。映画の編集作業も、低価格で引き受けてくれるスタジオを探しました。もはや日々、「助けてください」の連発です。ありがたいことに半額でOKしてくれた業者もいます。

元々、頭を下げるのはタダという人生観ですから、自分の頭を下げること自体は苦ではありません。

でも最近、素直に頭を下げられない人が増えていると聞き、もったいないなと思います。

頭を下げることは成功の必須条件です。

じつは、私の頭の下げ方の〝師匠〟は、作曲家の三枝成彰《さえぐさしげあき》さんです。

三枝さんといえばバラエティー番組『11PM』の司会や、大河ドラマの作曲を務めた大物です。40代半ばまでは人に頭を下げずにすんだ人生だったそうです。

でも、オペラを手がけるために何億円ものお金が必要になり、財界人に頭を下げざるを得なくなりました。

そこでどうすれば相手が喜ぶかを考え、豊富な話題を心がけました。その結果、出資に漕ぎつけ、また財界にも人脈が広がったそうです。


「お願いせずにすむ人生」なんて、ありえない！


腰が低ければ、多くの人と出会いやすいし、好印象も持たれるのです。偉くなることは、誰にも頭を下げないことではなく、

「あの人に頭を下げてもらえて嬉しい」

そういわれる存在になることだと学びました。

よく集団のリーダー役になると、居丈高にふるまう人がいます。頭を下げるどころか、命令口調になる。それでは、相手がムカつくだけで、決していい結果は得られません。

前述の映画制作でいえば、私は、肩書きこそ監督でしたが、撮影現場で誰にも命令したりしませんでした。演技がイメージと違う場合は「申し訳ないけど、もう1回お願いできませんか」と役者に頭を下げました。

取引先に商談をもちかける際も、頭を下げれば、向こうから提示される自分側にとってのデメリットが1つ減るとでも考えればよいのです。たとえば値引きをしなくてすむとかです。

自分たちのほうが発注側で立場が強いのであれば、頭を下げることで相手が納得するというメリットにつながります。通常500万円でやる仕事を400万円にまけてもらえるかもしれません。

目上の相手だけでなく、目下の人にも頭を下げるほうがスムーズです。

「なんとか頼めない?」とか「やってもらえませんか」とかていねいに頼むことです。

頭を下げれば、弱い立場の人の気持ちがわかります。その結果、上から下まで人心を掌握できるようになります。

集団が一丸となれば、自分1人より何倍、何十倍の仕事ができます。

頭を下げるほど成功に近づく

お願いや謝罪が下手な人は、全員に同じ頭の下げ方をしています。どちらも、相手のタイプで言い方を変えていかなければ効果がありません。

たとえば、私なら相手によって出資の頼み方を変えています。

「いい作品ができたのでぜひとも公開させてください」とか「低予算で制作したので、公開すれば出資額は回収できます」のような感じです。

そのせいなのか、よく「和田さんは相手の懐に入るのが巧みですね」と感心してくれる人もいます。

実際、お世話になっている三枝さん、秋元康さんなどから相談や質問を受けたら、すぐに答えたり、調べたり、病院の紹介を引き受けたりと普段から誠心誠意尽くしているつもりです。

これをペコペコしているとネガティブにとらえたら損をします。

そもそも、皆さんがお願いをしたり、謝る対象、いわゆる〝頭を下げる相手〟は知らない人間ではないはずです。ほとんどは取引先や社内の関係者でしょう。

自分の知っている範囲の人々なんだから、普段から頭を下げて、いい人間関係を作っておくと得なのです。ミスして謝罪した場合に許してもらいやすいし、お願いが必要なときに受け入れられやすいでしょう。日頃から積極的に心がけるべきです。

そのうえ相手の性格も把握できるので、頭を下げる際の言葉の選択がハッキリします。

相手のタイプを見極めて、普段から頭を下げていればいいのです。

たとえば、理屈っぽくて、とっつきにくい人物と仲良くするのは難しいと思いがち。でも、普段から頭を下げて教えを請えば効果的です。

「あなたは本当にお詳しいですね。私にも読める入門書を教えてください」

そう言われれば、相手だって悪い気がしません。

あるいは、熱血タイプの相手には、普段から自分のキャリアプランや夢を語って感謝します。

「将来のためにも、いま◯◯さんとお仕事できて、本当に勉強になります」

すると、あなたに接する態度が変わります。


人にお願いをすることに抵抗がある人もいるでしょう。

でも、全部の仕事を自分でやります、なんて1人で背負い込むとストレスも増えて、メンタルヘルス的にも良くありません。もっと協力者をうまく使えば、仕事がラクになるうえに、いい成果も期待できます。

それに、頭を下げれば、人の気持ちを考えるようになります。

仮に情けない気がしてもかまいません。「なにクソ！」と思って、いい仕事をする原動力に変えればいい。頭を下げるのは成功の近道なのです。

60歳からの仕事の壁
No.17

トラブル

1年後すら危ない人の考え方

「安全な道か危険な道か迷ったら、やはりリスクは冒したくない」

10年後も食える人になるには

トラブルを見積ることでいざという時、リスクも冒せる。仮に失敗しても、経験から学べばいい！

お金持ちはリスクをとるが、損切りがうまい

ビジネスではリスクを避けたいものです。しかし、否応なく予想外の事態に巻き込まれることは避けられないでしょう。

たとえば、午前中に済ませる予定の仕事が、急な会議や、取引先からの電話で中断され、11時の段階で3分の1しかできていない場合、あなたならどう対処しますか？

あと1時間で完了させるのは物理的に無理かもしれない……。そう判断すれば、私ならその仕事は打ち切りにします。そして残りの1時間で、午後にやるつもりだった仕事を片付けることに専念します。トラブルに振り回されてはいけません。

午前の計画遅れというトラブルにとらわれて、焦りながら続けても効率が悪いでしょう。確実に午後の仕事の予定も狂い始めます。トラブルが起きたら、まず被害を最小限に食い止める努力をしましょう。

ビジネスも投資も、人生も100％うまくことなんて難しい。だから、トラブルがありうるという発想で万事を進めるべきです。頭が真っ白になって打つ手がわからず、2次、

3次と損失が拡大するのでは、1年後すら食えない人になってしまいます。

お金持ちがトラブルに強いのは、物事にトラブルがつきものだと知っているからです。だから、リスクを冒しても損切りができるし、準備も怠りません。

何かを手がけるとき、ある程度はこんなミス、障害などのトラブルがありそうと考えて備えます。失敗のパターンをシミュレーションして対応策を立てておくので、トラブルの見積もりが適正なのです。結果、ここぞというときにリスクを冒して勝負をかけられるし、リスク管理ができるようになります。

このケースはこんなリスク、と確率で計るので、余計な不安も出費もなくなります。

老後に備えて貯金しすぎる日本人が多いワケとは？

たとえば、老後の蓄えにも端的に表れます。

大病リスクを不安に感じて、必死で2千万～3千万円を貯金する高齢者がいます。生活費だけではなく、もし寝たきりになったら資金をプールしておかないと怖いと思うのです。

しかし、ほとんどの人は資金を使い切りません。使う前に亡くなってしまうからです。

寝たきり生活を3〜5年、下手すれば10年と考えて不安になる人は多くいます。でも、寝たきり状態になってからの高齢者の平均余命は8・5か月です。それぐらいなら住み込みの家政婦さんを雇ったとしても、月に60万円あれば大丈夫でしょう。

約9か月と考えるなら500万〜600万円あれば何とかなります。

もちろん、あくまで統計による平均なので、年単位で寝たきりにならない保証はありません。とはいえ、確率的に必要な金額が500万〜600万ですむ資金を2千万〜3千万円貯めてしまう人が多い。むやみにリスクを過大に見積もって、必要以上のお金をそこに注ぎ込むから、使えるはずのお金も使えません。

日頃から、リスクを予測する訓練を積めばトラブルの見積もり感覚は磨けるし、いざというときに必要なリスクも冒せます。

まずは小さなことから始めましょう。初めて訪ねる取引先のオフィスの住所の確認、移動時間、何時に会社を出ればいいのか。遅れるトラブルはいくつ考えられるのか。

通常、これぐらいあるだろうと想定して、結果と照らして、当たり外れを実感する。意外に資料を忘れてしまうなど、予測しないトラブルが起きたりすると、こんなパターンもあるとわかります。それを1つずつ検証して、トラブルの見積もり力を高めるのです。

さらにお金持ちの強みは、トラブルに強いだけでなく、そこから学べることです。トラブルや失敗の経験をプラスにしていく。

誰にでもトラブルは起きますし、トラブルに弱い人だとその度にマイナスにつながってしまいます。大きな損害を招き、評判を落とし、信頼を失ってしまうのです。

だからといって、安全な道ばかり選んでいると成長できません。時にはリスクを冒してでも挑戦しなくてはならないこともあるでしょう。

個人事業者なら、失敗の影響をモロにかぶります。でも、会社員だから9戦9敗でも許される。これこそ、会社員の特権です。

トラブルや苦難、予想外の出来事に何度も出会い、その経験を血肉にしている人は、逆に信頼感を増し、評判を高め、次の成果につながっていきます。トラブルに強くなることは、60歳を過ぎても食える人になるための必要条件なのです。

60歳からの仕事の壁
No.18

決断力

1年後すら危ない人の考え方
「できる人は決断が早いものである」

10年後も食える人になるには
あいまいにしておくことで、視点や行動のバリエーションが広がる。

東大卒より芸人のほうが賢い⁉

「東大卒より、ひな壇芸人のほうが、よほど頭がいいですよ」

これは以前、雑誌の対談での某アナウンサーが言った言葉です。私は賛同できませんでした。タレントが気の利いたコメントを当意即妙に発する能力は「テレビ用の頭の良さ」にすぎないからです。

約2秒の制限時間の中で質問に答えるのがテレビの現場で求められる器用さです。ほかの仕事や、人生のさまざまな場面には応用しにくいと思います。

しかし、いつの頃からか世間でも「物事は素早く明快に」が主流になりました。すぐに決断を出せる人、気の利いたコメントができる人は、頭がいいように見えます。

しかし、多面的に熟考せず、一面的に断定するのは「単純認知」の世界です。複雑化する社会では通用しません。

そもそも一面的に物事を断じるうちは、コンピュータに勝てないでしょう。いまやコンピュータでさえ、ファジーな機能の良さが注目されていますよね。

人間も同じです。本当に頭のいい人、ビジネスで成功する人は、じつは「あいまいさ」を重視しているのです。

あいまいさを持つ人は、心理学では「認知的成熟度」が高いといいます。物事には白でも黒でもないグレーゾーンがあり、グラデーション（濃淡）の程度があると認識しているため、物事を幅広く見られるわけです。

原発問題が顕著でしょう。東日本大震災による原発事故のような事故が起きると、「続行だ」「廃止しろ」の二元論になりがちです。しかし、認知的成熟度が高ければ、原発の規模を小さくするなど、いろんな選択肢が出てくるはずなのです。

一般に「あいまいさ」が否定されやすい理由は、あいまい＝優柔不断と履き違えられているからでしょう。

とくに、日本人は昔から明確にイエス・ノーを言わないとアメリカ人から批判されてきました。その影響もあって「もっと明確に自己主張しろ」とか「あいまいな返事はダメ」と断じられますが、実際は違います。

むしろ、あいまいさこそ、物事を幅広くとらえられる日本人の美徳です。

本当に賢い人は、白か黒かのような短絡的情報を参考にしないし、あいまいさの中から真理を導き出していきます。

ビジネスパーソンがあいまいさを取り入れれば、まず分析の視点や、意思決定のバリエーションが広がります。一面的な思考の持ち主は、会議でもすぐに白か黒かの結論を出したがります。メリットとデメリットを比較して、ｇｏかｎｏｔ ｇｏの二元論しかありえません。

でも、あいまいさを武器にするビジネスパーソンなら、もっと多くの選択肢があります。リスクが高いという理由でボツになりそうな企画を、当初の予算より小規模で展開させることもできます。または、試験的にアンテナショップを出店する手も考えられるでしょう。「いくつかのメリットも出ましたから、５００万円程度の予算でやらせてもらえませんか」と名乗りをあげればいい。新しいビジネスチャンスは、このような発想と挑戦から生まれてきます。

結局、あいまいさがないと多角的に検証できません。

グレーゾーンがあることを認めて、初めて物事は正確に認知できます。ｇｏかｎｏｔ ｇｏの単純認知では、「難しいですね」や「前例がない」という否定意見が出た途端に自信を失い、チャンスを逃してしまいます。

「良い」「悪い」の二元論はやめなさい

あいまいさがあれば、心の健康にも役立ちます。

じつは、白か黒かの単純認知をする人は、うつ病になりやすいのです。日常で少しイヤなことがあっただけで、もうすべてがイヤだと感じやすいからです。

くり返しますが、あいまいさ＝優柔不断ではありません。幅広く物事を見られても、最後の結論を下せなければ、ただの優柔不断です。自分の意思まであいまいでは困ります。

それを避けるためにも、自分なりの判断基準を持つことは大事です。「相手の味方度が100点満点中60点以上なら友達づきあいをする」などの基準を自分の中に設けるのです。

認知的成熟度が高くても、実用面で使えなければ無意味ですからね。

あいまいさを鍛える方法は、幅広い思考習慣のクセをつけることにあります。

とくに読書をしながら、物を考えることがお勧めです。著者の意見を鵜呑みにせず、その対極にある考えを想定してみるのです。さらに、その両意見の間のグレーゾーンの意見を考えてみればかなり鍛えられます。

たとえば、「経済活性化に法人税の減税が有効だ」という意見に対して、逆に増税したらどうなるかを考えてみます。正論はネットにたくさんありますが、出版物には著者ならではの視点のユニークさなどオリジナリティがあって、思考の材料に最適です。

テーマを決めて、人と議論してみるのもいいでしょう。

単純思考の相手は「これは○○だ」と決めつけますが、あいまいさを鍛えれば「こういうケースもあります」と、いろんな可能性を提示できます。

これはビジネスアイデアの発想にも役立ちます。

複雑化する情報社会だからこそ、あいまいさが現代を生きる術になります。

ぜひ、日本人の美徳である「あいまいさ」を再認識してみてください。

第4章

大人の勉強法

——念願を達成できる人、迷走して挫折する人

60歳からの仕事の壁
No.19

時間術

1年後すら危ない人の考え方
「スキルアップしたいけど勉強する時間がない」

10年後も食える人になるには
「時間がなくてできない」はタダの言い訳！　忙しくするほど、使える時間は増えていく。

忙しくするほど、時間は増えていく

30年以上前、『4当5落』という言葉がありました。

4時間しか寝ない人は大学に受かる。逆に、5時間も寝ると落ちるという意味です。

ところが、実際に検証した先生がいて、東大の新入生に受験時代の平均睡眠時間を調べたら、むしろ8時間を超えていたのです。

これは典型的な例だと思います。

時間の使い方が下手な人は、まず単純に睡眠時間を削ろうとする。だから集中力も体力も落ち、学習効果も上がらないのです。

睡眠不足にはデメリットしかありません。私自身、高校時代に夜は8時間は寝ていました。そのうえ、映画を年間200本観ることも日々のスケジュールに組み込んだのです。

結果的には300本も観てしまいました。でも、当時の私にとっては、大学に入学して映画監督になるための自己投資でもあったのです。

「私は本業だけで手いっぱい。自己投資の時間なんか作るのは無理」

そう考える人も多いでしょう。しかし、じつはその発想は逆です。本気で自己投資すれば、時間が生まれる。実際、多忙で、たくさんの案件を抱えている人ほど、時間のやりくり上手で、大きな成果を上げています。

たとえば、経済評論家の勝間和代さんもその1人です。

外資系コンサルティング会社で、あまりに自分の時間のない生活を猛省して、生き方を変えた。あの過酷な毎日があってこそ、時間の使い方に目覚めたはずです。

私は31歳でアメリカに留学して、精神分析に関する論文を大量に読みました。週に英語の論文を200～300ページは目を通したのです。

それだけの数をこなすこと、読み方のキモがつかめてきます。新しい論文を読んでも、どこがいままでと違うのかがわかるから速く読める。最初はツラくても、同じ時間で読める量が増えていくのです。

だから、ある時期に集中して自己投資をすることは、すごく大切なことです。勉強漬け、英語漬けの毎日を送れば、処理スピードも上がるし、自分の時間の使い方が見えてきます。

自分の人生をトータルで考えたら、本当に〝ツラい時期〟を過ごすことには意味があります。「自己投資すること自体」が、結果的には時間の使い方のトレーニングになるのです。

それに、シンドイ期間は、時間の使い方を試行錯誤する1～2年間だけです。

自分の時間を2倍に使えるようになれば素晴らしいと思いませんか？　その後の人生が、100年分ぐらいに値するかもしれません。

問題はいかに〝ノリのいい状態〟を作るか

時間の使い方がうまい人に共通するのは、脳や気分が〝ノリのいい状態〟を作ることに長けていることです。

たとえば、得意なものから取りかかる。10の仕事や勉強があるとして、そのうち7割が得意、3割が苦手だとすると、下手な人ほど苦手分野を先に片付けたがります。そうすれば早くラクになると思ってしまうのです。

でも、それでは逆効果です。

苦手なものに手間取り、気分もノラずにグダグダするよりも、得意なものに手をつけて勢いをつけ、『ノリがいい状態』を作ったほうが効率は上がります。

その意味では、興味のないジャンルへの自己投資はノリを悪くするので、とくに60代以降は避けたほうが無難ですね。英語は好きじゃないけど、上達すれば転職に有利だからという動機では、あまり実にならないかもしれません。

嫌なことを無理やり頑張っても、継続的な力にはならない。

これこそが時間の使い方がうまい人と、下手な人の大きな差でしょう。

「1年ぐらい死にものぐるいで勉強したら」と提案すると、下手な人の場合は何の工夫もなく、ひたすら根性主義で実践してしまいます。

でも、自分に合ったやり方でなければ効果は上がらないし、長続きもしません。

たとえば、移動時間を勉強時間にあてるとはかどる人もいれば、休憩時間にしたほうが、帰宅後の集中力が増す人もいる。早起きして勉強するのが得意な人もいれば、夜更かしが得意な人もいるわけです。

ですから、自己投資をしていて、気分が充実せずに、ストレスが溜まる一方であれば、自己投資の対象が合っていないか、時間の使い方に負担が大きすぎるか、そのどちらかだと思います。

自分に合わないタイムスケジュールで勉強漬けになったとしても、効果があるのはせいぜい1〜2週間でしょう。締切間際だとか、来週の試験対策のような短期間しか続きません。

人間は、長期間のハイプレッシャーには耐えられません。必ず能率は落ちます。

だからこそ、無理なく続けられる方法を見つける必要があるのです。

中途半端なオフはいらない

自分の性格や生活スタイルに合った時間の使い方は、ありとあらゆる試行錯誤の末に、手に入ります。

私自身、現在は完全オフの日は作っていません。中途半端に休養日を設けるのではなく、ストレスを減らすことを心がけています。

たとえば、申し訳ないけど魅力を感じない仕事は引き受けません。嫌々取り組むと、生産性が下がるだけではなく、精神衛生上もマイナスだからです。

それに、毎日昼寝をしていますし、ワインなど食事を楽しむ時間、睡眠時間を確保しています。

「時間がなくて、自己投資ができない」と思う人は、まずは、時間や労力もお金と同じく〝投資〟であると認識しましょう。するとムダにしている時間や労力が見えてきませんか？

じつは自己投資に使える時間も確保できるのではありませんか？

お金の投資の失敗よりもむしろ、時間と労力の投資のムダのほうが、人生では大きな損害です。時間上手を目指しましょう。

60歳からの仕事の壁
No.20

勉強法

1年後すら危ない人の考え方

「わからないことがあれば、すかさずネットで調べる」

10年後も食える人になるには

ネットは答えを出す材料を集めるツール。自分の頭を使い、2軸で判断するクセをつける。

ネットは考えるネタを見つけるところ

全国の小学校で定着した「調べ学習」。自分がわからない言葉や事柄に対して、ネットで検索して正解を見つけるのではなく、図書館に行ったり、辞書や百科事典を引いたりして調べる学習法です。

アナログな方法だと思う人もいるでしょう。しかし、パソコンなどのデジタルツールをあえて使わないメリットがあります。ひと手間かけて答えを探すことで、調べることが単に正解さえわかればいいという単純作業ではなくなるからです。

あるいは、紙媒体の辞書のページをめくることで、調べたい目的以外の単語や図版も目に入ります。新たに興味や好奇心が生まれ、さらに知識を広げてくれる効果があるのです。

また、このようなアナログ式勉強法で自分自身の知識量を増やしてから、デジタルツールを使ったほうが飛躍的な力を発揮できます。

たとえば、知らない単語を電子辞書で引く場合、英単語を1万語知っている人だと類似語や例文まで覚えやすく、実用的に身につきます。しかし、500語程度しか知らない人は、目的の単語の意味を知るだけで、そこから知識が広がりにくいのです。

とはいえ、いまどき、パソコンもスマホも一切使わない〝アナログ派〟は少数でしょう。とくにビジネスはデジタルなしで成立しません。しかし、デジタルツールは、脳をアナログにしてうまく使いこなすのがお勧めです。

どれだけデジタルツールの精度が進化しても、ビジネスは一筋縄でいかないものです。たとえば、アナログの最たるもの、〝人間〟を相手にしたとき、成否はアナログ脳の差で決まるといっても過言ではありません。

仮に、私と仕事をしたいと思う人がいたとしましょう。「実際に会ったときのフィーリングがすべてだ」と、事前情報がゼロに近い状態で来るのは論外です。私もそんな人につきあっているほどヒマではありません。多少は「和田秀樹」を下調べをしてきてほしい。

そこで一面的な情報だけを見て、私という人間を知った気になるのはデジタル脳です。私に批判的な意見はネット上に数多くあります。その1つ、2つの情報を読んで、「学歴論者」と決めつけるのは、デジタルツールをデジタル脳でしか使えていない。

ほめた情報、クサした情報の両方を取って、多少は「和田秀樹」という人間の全体像がつかめてくるでしょう。たとえウィキペディアでも、他人から見た情報を、ある範囲でまとめたものに過ぎないのです。

ですから、私のように本を出している相手なら、著書を読むのが理想的ですね。本人の書く物だから、著者の人間性の一端がにじみ出ているものです。

それでも、まだ相手をわかった気になるのは早い。実際に会ってみないとわからない、という余地は残しておくのがアナログ脳です。直接の対話というアナログのコミュニケーションを通して、相手の雰囲気とか、波長が合う部分が見えてきます。

このようにデジタルツールは、正解を知るためではなく、考える材料を集める目的で使うのです。アナログ脳でデジタル情報を有効に活かせれば、相手の人間性・周辺データを知る時間を短縮でき、ビジネスの交渉プランを練りやすくなります。

これからの時代はアナログ脳を持っている人が強い

コンピュータのプログラムは0と1の羅列でできています。だから、私の考えるデジタル脳は、0か1という単純思考を指します。

逆にアナログ脳は、その0から1までの間をどれだけの〝点〟で埋めているかで決まります。当然アナログだから個人差がある。

たとえば、0・1、0・6、0・9ぐらいしかない人。0・11、0・12、0・13……とさらに細かく刻む人もいるでしょう。アナログ脳を鍛えるとは、なるべく多くの点で埋められるようになることを意味します。

具体的には「○○は××である」と決めつけるデジタル脳よりも、いろんな可能性を想定できる人が優秀なアナログ脳です。

では、実際にアナログ脳を鍛える方法を教えましょう。それは、人や物事を分析する時に、最低でも2つの軸で考えるトレーニングをすることです。

たとえば、取引先に自分を嫌っている担当者がいたとします。そのとき、1つの軸だけで考えてはいけません。敵か味方かという2分割思考ではデジタル脳です。

それ以外に、自分に対して有益な人間か、有害な人間かの軸でも考えてみる。有益な相手なら、ムカツク人間であってもつきあう選択肢は当然出てきます。結論を急ぐ必要はありません。

アメリカの精神医学では患者を5軸で分析してきました。①精神疾患　②パーソナリティや知能レベル　③身体疾患　④その患者を取り巻く社会環境の問題点　⑤全体的（社会的）な機能の評定の5軸です。

やはり、人間相手の分析はそこまで緻密にやる必要があります。その意味では、たとえば大事件を起こした犯人に対して日本のメディアが、犯人を取り巻く社会環境やパーソナリティだけで分析しているのは、一面的だと思いませんか。

ビジネスシーンでも最低「敵か、味方か？」「有益か、有害か？」の2軸で考えてみてください。敵でも有益な人間もいるという発想です。

とはいえ、「味方で有益な人物」と分析しても、1割ぐらいはあなたのことを嫌ってるかも、という余地は残すべきです。100％味方、100％有益と決めつけないことで、良好な人間関係を築けるでしょう。

60歳からの仕事の壁
No.21

英語力

1年後すら危ない人の考え方

「これからのビジネスパーソンは、英語ぐらいできないと」

10年後も食える人になるには

英語を習う前に日本の良さ、自分の長所を見直し、武器にする!

海外では、意外な人たちが評価されている

海外から評価の高い〝人材〟を知っていますか？

それはニッポンの〝労働者〟です。会社員、エンジニア、サービス業に関わる職業、料理人に野球選手やサッカー選手……例を挙げ切れないほどです。

日本の会社員は相手をだますような契約をしません。エンジニアは手を抜かず、改善をくり返して、高品質の商品を作ります。

マジメに練習に取り組み、チームへの協調性を発揮する日本のプロスポーツ選手も評価が高いでしょう。

では、逆に評価が低い日本人を挙げましょう。

それは、政治家、大学教授、経営者です。

日本は、海外からの評価と、国内の評価が逆転している変な国なのです。偉そうな日本の経営者や政治家に教えを請うために「ウチに来てほしい」と外国から呼ばれた話を聞い

たことはないでしょう。

国内でこそ社会的地位が高い大学教授ですが、海外の教育機関が日本の高校までの教育システムを参考にした例は多くても、大学に関してはサッパリです。

反面、野球やサッカーなどのプロスポーツ選手は言うに及ばず、エンジニアは海外から引く手あまたです。日本の熟練の技術者が高給で迎えられる話はめずらしくありません。


グローバル・スタンダード化にひるむ必要はないのです。

よく言われる「日本人は即断即決できない交渉下手」というのも、じつは誤解です。というより、マイナス面ばかり強調されがちなのは、外国人が、商談で自分が有利になるように仕向けるための戦略です。

むしろ、日本人は優秀でスキがないと思っているので、じっくり取り組まれると困るのでしょう。

たとえ、海外との商談で「優柔不断だ。その場で決断できない」と非難されても問題ありません。毅然として「なぜ1日ぐらい待てないのですか」と返せばいい。

その場で結論を迫るのは、相手を思考停止させる典型的なやり口です。振り込め詐欺と同じなので気をつけてください。

話せることより、話す内容が重要

あるいは、自分の英語は下手で、外国人からバカにされるんじゃないかと不安になる人が多いですよね。でも、それも思い過ごしです。

向こうでは、日本人は頭がいいと思っているから、英語をしゃべれるだけで頭が良く見え、バカにはしないのです。

じつは、私自身、英語は得意ではありません。しかし、シカゴのバーでこんな経験をしています。

「なぜアメリカの車が売れないで、日本車が売れているんだ？」

若いアメリカ人男性からそう質問され、私は昔のマツダの例で説明しました。

「会社が潰れかけたとき、アメリカなら従業員を解雇するだろうけどマツダはしなかった。その代わり、工場で働いている社員もセールスに回して頑張った。すると、お客の苦情やマツダ車に求めているニーズをつかむことができ、その経験を工場で反映したから立ち直ることができたんだ。

でも、アメリカでは車のディーラーは1社の系列ではなく、複数のメーカーの車を扱う。だから、客のニーズがつかみにくい」

そう一生懸命に話したら、彼は自分の彼女に言いました。

「この日本人は英語は下手だけど、めちゃくちゃクレバーだ」

だから、英語力を鍛えるより、海外の人が知らない話や理屈が合う話をするほうが賢いと思われ、仕事はやりやすくなるはずです。もっと自信を持ちましょう。たとえば、

「あなたの長所と短所を挙げてください」

そう問われると、ほとんどの日本人は長所よりも短所をたくさん書きます。

でも、心理学的には、人は「相手の長所」を意識しやすいものです。だから賢い人は、

自分の長所をうまく見せようとします。いい面を見せることが、ビジネスでも、国のイメージを売るにしても、成功のためのポイントと言えるでしょう。

とはいえ、取ってつけたような長所は魅力になりません。

たとえば、日本に観光客を増やしたくても「東京スカイツリーを見に来て」では弱い。長所はもっと普遍的な部分に隠れています。

「日本の飲食店は各国料理がバラエティに富んでいて美味しい」

「夜中に路上を1人で歩いていても全然平気だ」

などといったことです。

せっかくのニッポンの良いところを活用すれば、いろんなビジネスシーンで大きなチャンスがあります。

60歳からの仕事の壁
No.22

学 歴

1年後すら危ない人の考え方

「じつは学歴コンプレックスがある」

10年後も食える人になるには

正攻法に固執しなければ選択肢は広がる。チャンスに備えて、日々準備しておこう。

映画監督を志してはみたものの……

いまのあなたには、夢や目標がありますか？　自分の希望の会社や、職業に就けた人は多くないと思います。でも、人生はまだまだ長い。簡単に目標をあきらめなくていいのです。

じつは、私が精神科医になったのは映画監督になるためでした。医者はある程度の収入が保証され、なおかつ外科や内科より精神科は比較的、時間が自由になります。

私が子どもの頃は、映画監督になるための王道は配給会社に入って、助監督を10年、20年とこなすことでした。日活、東映、東宝、松竹などは競争率が高い。しかも安い給与でメチャクチャ働かされるわけです。

ところが、いまや配給会社より、制作会社が映画を撮るケースがほとんどになりました。なかには20代でメガホンを任される人も出ています。

もう一つの道は、自分でお金を集めて、自主映画の監督から商業映画の監督になる道です。実際、私は精神科医をやりながら、07年に『受験のシンデレラ』という作品を撮影し、08年に公開できました。

制作費は私の経営する通信教育の会社の内部留保をあてて約1億円を用意し、生活を切り詰めるハメになりましたが、勝負をかけました。1本撮らなければ、私の監督人生は始まらないと思ったからです。

その結果、第5回モナコ国際映画祭で4冠に輝くなど評価もされ、2作目の制作につながりました。以降、計5本の映画を撮っています。

つまり、目標の達成法は1つではないのです。こうしたいと思ったときに、まずどんなルートがあるか検討すればいい。そうすれば、いい意味で〝抜け道〟も見つかります。

自分の目標に対して、スタンダードな達成方法しか思いつかないと、とても自分には無理だとあきらめてしまうことになるでしょう。真っ当なカッコいいルートで行こうとすれば難しいのは当たり前です。

目標達成への抜け道を探せるのも才能だ

成功している人ほど、抜け道をうまく利用しています。

たとえば、テレビ局に入りたい場合にどうするか。制作部門を志望するのは難関でしょうが、経理部門の中途採用なら倍率はグッと下がります。しかも会社組織ですから、経理採用でも、制作関連への異動がゼロとは限りません。

入社した会社で出世して社長を目指そうと思う人は、最初から自分の特性を活かせる会社を選ぶほうがいいでしょう。私がやっている教育事業で通信教育を担当している、ある講師は、東大出身という肩書きが有利になる会社を探して就職しました。一部上場の会社で、東大出身者が少ない割に、社長になる比率の多い会社を調べたのです。

比率の低さを逆手に取る方法もあります。自分が営業に自信があるなら、技術者が多い割に、営業系が弱い会社を調べれば、出世しやすいでしょう。

自分はこの会社で一生うだつがあがらないと煮詰まっている人は、視野を広げれば、新しい職場にチャンスがあるかもしれません。じつは大きな組織にいる人には、その立場でなければわからないことがいっぱいあります。

たとえば、人事の仕事です。新卒で入社するとどんな研修を積んで、どんな部署に振り分けられるのか。育成方法、他部署との連携など自分自身が経験し、見聞したことは、その会社内では当たり前でも、外側の評価は違います。

とくに急成長の会社には、そのノウハウがなく、会社を大きくする過程で問題に直面していきます。だから、あなたがいまつまらないと感じながら、日常的にこなしている業務や経験を、切実に求めているベンチャー企業は数多くあるものです。

それは日本の急成長企業に限りません。外資系や中国系の企業が入ってきた場合も、日本市場には日本の社員が必要になります。入社時から経営幹部になることも夢じゃないでしょう。

同じことは、飲食店を持ちたい人にもいえます。自分が修業して、リスクを負って開業する方法だけではありません。外食産業は不況に強く、急成長している企業も多い。会社勤めしてビジネススキルを積んでから、経営幹部として採用される道だってあります。

美味しい料理を出すのに流行っていない店を見つけて、自分の資金を提供して、経営に参加させてもらう方法だってあります。自分でゼロからやる必要はないのです。

目標へのルートを複数考えることは、人生のリスクヘッジにもなります。

とくに資格の取得はその典型です。未来は予測不能なので、ひとつの勉強だけに何年も費やすと、落とし穴があるかもしれません。昔は花形職業でも、いまや格差が進んでいます。歯科医は増えすぎて、廃院が増えています。弁護士も然りです。

司法の仕事に就くのなら、検察事務官の道があるでしょう。こちらは国家公務員試験なので、司法試験に合格する必要はありません。検察事務官二級となって3年を経過すれば、試験などによって副検事への道もありえます。

税理士試験は公認会計士より難しいといわれますが、最初に税務署に勤めるという手も。23年以上勤めた職員は、試験が免除されて研修のみで税理士資格が得られる制度がありま す。署員時代の実務で経費の上限などもわかり、独立しても繁盛する人が多いそうです。

自分の目指す資格を、働きながら取得する方法を調べてみるなど、何か目標がある場合は、さまざまなルートを考えてみてください。

目標達成の機会は何年かに一度は訪れるものです。チャンスを活かせてこそ抜け道が見つかります。まずはせっかくめぐってきたチャンスに対応できるように、日々準備をしておきましょう。

60歳からの仕事の壁
No.23
資　格

1年後すら危ない人の考え方

「先行き不安な時代だから資格を取っておいたほうが強い」

⇦

10年後も食える人になるには

自分の知識や経験も財産だと気づけば、お金に換えることができる！

取って安心している人がいちばん危険！

専門資格を取れば、一生安泰に生きられると考える人がいますが、お金を得る方法は、もっと柔軟に考えていいと思っています。

じつは、かつて出席した高校の同窓会で、興味深い儲けのヒントを見つけました。旧友の某コラムニストと再会していろいろ話に花を咲かせたのですが、彼と話すより、ほかの友人と交わした会話のほうが面白かったのです。

誤解してほしくないのですが、そのコラムニスト個人がどうこうというのではなく、私のようにマスメディアの中にいる人間にとって、彼の話はほかのルートからも耳に入ります。ですから、あらためてビックリするネタはないわけです（向こうも私の話をそう感じていると思いますが……）。

でも、金融の現場にいる友人に、この時期の経済をどう見ているのかとか、外国帰りの友人にその国の状況を聞くのは臨場感もあり、新鮮な面白さがありました。

当時の私の年代なら、銀行でも部長クラス、商社でも支店長の連中ですから、マスメディアを通じても聞けないナマの話を聞けて興味深いのです。

同窓生の彼らからすれば、私やコラムニストは有名人で、自分たちのような一般人とは違うと思っているかもしれません。

でも、特別な業界にいる人の情報だけに価値があるのではなく、その業界にいる人にとって当たり前の情報が、外の人間にすればすごく高い価値があると実感しました。これはビジネスチャンスになりえますよ。


友人であるコラムニストは年会費1万円で有料のメールマガジンを発行していましたが、無名の人であっても有料のメルマガを発行することが可能なはずです。その業界では当然の情報や知識でも、部外者からは欲しいネタかもしれません。

念のために言いますが、インサイダー情報を漏らすことを勧めているのではありません。

年会費1万円といっても、月にすれば800円程度です。1つの道でキャリアを積んでいれば、その金額に見合うネタはあるはずなのです。

コーヒー豆の目利きや、魚の鮮度の見分け方でもいい。いま、自分が提供できる情報の

〝商品価値〟を知るべきです。ネットを駆使すれば、全国規模でその情報を欲しい人を集められます。

守秘義務が厳しい職業についている人なら、自分が住んでいる地域について、ガイドブックではフォローしきれないディープな情報を満載して提供する手もあります。

地方のホテルでは、客の質問に対しガイドブックを出してきて探すコンシェルジュが多いのです。しかも、「ワインが揃っている店に行きたい」といった簡単な要望するだけでお手上げ状態です。

もし鮮度の良い情報を揃え、細かい要望にも答えられる有料サイトを立ち上げれば、喜ぶ人は多いでしょう。

外国に何年か住んでいたとか、いくつもの職業を経験したとか、「経験」だって情報です。それを小説家に売り込むなんて方法も考えられます。

もちろん、丁寧な書状を出版社に送るなど、礼儀を尽くしたアプローチが必要です。もし作品化されれば大きく儲かる可能性さえあるでしょう。

合格ノウハウで稼ぐ発想を持てるかどうか

稼ぐ発想はもっと柔軟に考えていいのです。

資格にしても、取ること自体が、必ずお金になるかはわかりません。時代の流行り廃《すた》りもあって独立するにはリスクがあります。

それなら資格を取得して、受験志望者に教える発想に切り替えてみるのはどうでしょうか。たとえば、臨床心理士は資格自体の収入は大儲けとはいえませんが、受験者の家庭教師なら狙い目です。

人気資格になりつつあるので取りたい人は多い上、大学院卒であることが受験資格のため、経済的に安定した生徒が授業料を惜しみなく払ってくれるはずです。

家庭教師なら、語学も需要があるでしょう。たとえば、いまさらフランス語と思うかもしれませんが、じつはアメリカではフランス語が話せることがインテリのステータスです。

そこで、駐日の外資系ビジネスマンの奥さんや子どもにフランス語をレッスンするのはお互いにメリットが大きいでしょう。

ほかにも希少価値のある言語を習いたい人は多いはずです。東南アジアと行き来していてベトナム語やフィリピン語が話せる人はそれだけで財産になります。


結局、大儲けを狙うから、発想が限られ、自分は無力だと感じてしまうのです。元手など必要なものが増えてしまい、競争相手も厳しくなる。リスクも大きくなります。

でも、小さな利益を積み重ねていけば、いま売れるものを探してブームを追いかけなくていいし、在庫を抱えるリスクもありません。

別に千人、1万人に必要な商売をしようと考える必要はありません。

まず自分のもつ情報、経験を活かす方法を探しましょう。ネットで100人、200人集められそうならやってみましょう。月に1000円ずつで100人なら年収120万円アップになります。

ネットを使わなくても、数十人の顧客を集められれば、そこで仕掛ける方法もあります。

たとえばテニスが得意なら、まず個人レッスンで生徒を集めます。そこで、仮に年配の女性に支持されてあなたのファンが増えれば、貯めた資金と顧客を別の形で大きくする方法を考えていく。

何人かのインストラクターが接客して、お酒も飲みながらスポーツのレッスンや知識を授けてくれる飲み屋をオープンさせてもいいでしょう。

このご時世、大儲けよりも〝小儲け〟を考えるほうが稼げます。

企業でも『ユニクロ』や『マクドナルド』のように、安いモノをたくさん売っているところだけが勝ち組ではないですよね。

個人のビジネスも、同じ発想でいくべきです。資格にこだわる必要はありません。せっかくの空き時間なら有効に使って、小儲けを始めましょう。それが60歳を超えて10年後も稼ぐ人でいられる秘訣です。

60歳からの仕事の壁
No.24

成　功

1年後すら危ない人の考え方
「**成功するなら若いうちがいい**」

10年後も食える人になるには
ゴールは次のスタートラインと考え、70、80歳まで稼ぐ手段を持つ。

生涯賃金を上げるカギは、人生の後半にある

20代のうちに仕事で成功し、大きく稼ぎたかった。

そう思う人も多いかもしれませんが、自分の生涯賃金を上げるベストの選択肢は、定年のない仕事を見つけることにあります。

短期間で年収を上げるよりも、できるだけ終身の収入を得るほうが、結果的には賢いやり方なのです。

たとえば大家もその一例です。

もちろん低収入でも〝大家〟になる方法はあります。

とはいえ、フルローンで購入してはいけません。借金するとリスクが増えるので物件を借りて、そこをうまく活用します。

不景気のおかげで、価格を下げてもテナントが入らずに困っている不動産業者が多い時代です。借り手の優位な条件で借りることもできるでしょう。

たとえばワンルームを借りて電話番号を10本用意し、アルバイトを1人置いて、10人の客に月に3万円ずつで貸す電話秘書サービスを始める手もあります。

実際に、私の知り合いは10万で借りた部屋を20人分ぐらいの自習室にして、繁盛しています。机ひとつを1日2千円で貸しているのですが、1日2万円にはなるようです。

ほかに農業にも定年はありません。

新規就農で脱サラする人もいますが、憧れの農業をやるだけで満足するなら自給自足が精いっぱい。やはり、自分の農作物の質を高めようと技術を勉強し、流通や販促まで研究する人は伸びます。

いまや1個で数千円の高級フルーツはめずらしくありません。美味しい農作物を作れば大ヒットする市場があります。

それにネットで全国に販売できるので、きっかけさえあれば市価の何倍の価格でも人気を得ることができます。不動産も、農業も、工夫次第で生涯稼ぐことができるでしょう。

就職・転職、資格を選ぶ時にチェックすること

資格を取得して独立開業するのも定年のない仕事です。

ただそのために会社を辞めて勉強に専念することはお勧めできません。すぐに資格が取れて、即開業して高収入になると夢見がちな人が多いですが、現実はそんなに甘くないからです。堅実に定期収入を得ながら受験して、すぐには独立しないほうがいいでしょう。

実際、公認会計士や弁護士の資格を取っても会社員を辞めない人が増えているのです。会社としても一芸のある社員は重宝するので厚遇してくれます。

資格をとるなら、「臨床心理士」もお勧めです。

これは文部科学省認可の財団法人「日本臨床心理士資格認定協会」が認定する民間資格です。開業すれば心を病む人へのカウンセリングもできますし、学校など教育機関でのスクールカウンセラー、企業内相談員、あるいは犯罪被害者、高齢者への心理的ケアなど職域も広く、注目されています。

とくに、現在の日本にとって心のケアは大切な問題です。信じられないことに、39歳までに亡くなる方の死因のトップが自殺という異常な国になってしまいましたからね。

心理職は理論も大切ですが、人生経験が役に立つ分野です。極論すれば精神分析の世界は死ぬ間際まで仕事ができます。

精神分析医の草分け的存在のジークムント・フロイト氏は83歳、娘のアンナ・フロイト氏は86歳まで現役でした。

私の留学先のメニンガー・クリニック創設者のカール・メニンガー氏が精神分析を行なったのは亡くなる97歳までです。

私が一時師事した『甘えの構造』(弘文堂)というベストセラーの著者である土居健郎先生は、89歳で亡くなる少し前まで現役の精神分析家として活躍されていました。カウンセラーやコンサルタントなど相手の相談にのる仕事は、かなりの高齢までできるのです。

その意味では、私が東大医学部から精神科医を選んだのは生涯賃金を上げるため……というと大げさですが、何歳ぐらいまで現役でいたいかによって、人生の設計図は変わってくるわけです。

定年のない仕事というのは、競争に勝っている間は食っていけます。

ですから、ぜひ臨床心理士の受験資格を得るために、協会の指定校に通ってみてはいかがでしょうか。

私が勤務していた国際医療福祉大学の大学院では、最長65歳の方まで受験に来ました。大学院に関しては、大学卒でないと入れませんが、放送大学の卒業資格でも大丈夫です。65歳で入学して、67歳で臨床心理士になっても20年間働けます。

私が東大合格者に必ず伝えている教訓

もしかしたら、生涯現役と聞いて「一生働くのはウンザリ」と思う人もいるかもしれません。しかし、生き甲斐をもって働くことは人間を若々しくさせ、長く健康でいる方法の1つです。

そのうえ、収入が途絶えなければ将来への不安もなく、ストレスの少ない生活を送れるでしょう。

何歳まで仕事が続けられるかという長期的な視点を持ったほうが、これからの時代に合っているし、生涯賃金もアップします。

そのために私は、

「ゴールは次のスタートラインという意識を持とう」

と東大合格者のパーティで必ずそうスピーチします。

受かったから上がりではなく、また新たなスタートを切る。ここまで身につけた成功のやり方を、次のステージに上がるために活かすことを考えようとアドバイスしています。


くり返しますが、競争に勝ち続けなければ生涯現役はありえないからです。

1つの成功で満足すれば、その地位は危うくなります。公的年金の問題にしても、将来どうなるかはかなり疑わしいものです。

今後は、短期間に大金を手にするより、高齢になっても稼げる仕事を見つけた人が、人生の真の〝勝ち組〟と言えるでしょう。

60歳からの仕事の壁
No.25

努　力

1年後すら危ない人の考え方

「努力は必ず報われるはずだ」

10年後も食える人になるには

結果につながるか、つながらないかを見極め、努力の方向性をつねに疑う。

能力が同じなのに差がつくワケとは？

「勉強してもできない人」と「勉強しないでできない人」。

この2人で、将来伸びる可能性が高いのはどちらだと思いますか？


答えは……意外に思う人もいるかもしれませんが、前者です。

一見、後者は勉強をすれば伸びるように感じますが、違います。努力する能力があるかないかで、すでに大きな差がついてしまっているのです。努力する能力のある人は、やり方さえ変えればいくらでも成長できます。


私の著書『受験は要領』シリーズが売れたために、私は努力否定派だと思われがちですが、まったくの誤解です。

一貫して私が言い続けているのは「ムダな勉強をするな」ということ。勉強せずにラクして受かるテクニックなど教えたことはありません。

これは、ビジネスでも同じことが言えます。そもそも、「努力せずに成果を出そう」なんてありえないことです。

人間の価値は、努力する量で決まります。逆に、努力せずに手に入るもので決められたら、さびしいと思いませんか?

ただし、ただやみくもに努力すればいいわけではありません。

人間は、自分よりもうまくいっている相手を見ると、やっかみ半分に「才能があるから」「センスがいいから」と思う傾向があります。まずはその思考から脱却しましょう。

もし同じような相手と差が生まれているとしたら、努力の方向性が違っているのです。

たとえば、私は頭の悪い人間です。

でも、東大の医学部に合格したのは、どうすれば効率的な勉強ができるかとつねに工夫していたからです。

努力の方向性を間違えてしまうと、すぐに成果に反映されます。

医師の国家試験がそうでした。ほめられた話ではありませんが、大学在学中はバイトや映画制作に夢中で、6年生まで本格的な勉強をしていない状態でした。

そこで、夏休みに2か月半かけて、千ページ以上もある教科書を何回も読んで頭に入れました。ところが、試しに試験問題を見たら、全然わかりません。

それで、できる友達に連れられて医師国家試験専門の勉強会に行くと、会員はひたすら過去問を解いていたんですね。「これだ!」と思って同じやり方をして、無事に試験に合格できました。

自分の努力に質がともなっているかを、つねに検証する思考習慣のおかげで、努力の方向を軌道修正できたのです。

努力には〝方向性〟がある

その意味では、自分は努力しているのに結果がイマイチと思う人は、方向性を間違えていないか、もう一度確認する必要があるでしょう。

スポーツだって、自己流では伸びる確率は低いといえます。ゴルフで適当に千回スイングすれば、妙なクセがついて余計ヘタクソになるだけです。基礎をしっかりたたきこんでスイングしなければ、意味がありませんよね？

結果がともなわない努力は無意味です。

昔「1日に500件営業に回れ」と言われて、毎日ヘトヘトになってノルマをこなした結果、1か月間まったく契約が取れなかった。そんな経験はありませんか。でも、自分は努力したんだと思えるとしたら、ちょっと困ります。

誰かに言われたことを単調に〝流れ作業〟でこなしている限りは、一生そのシステムの奴隷です。

1人のビジネスパーソンとして、より良い結果を求めるために、そこまでのやり方も含めて試行錯誤する。それでこそ〝正しい努力〟だと思いませんか。

成果に関係なく、上の指示に従うだけの立場を選ぶなら、会社にとって都合のいい使われ方をされるリスクが大きくなります。

昔ならその働き方でも、企業は手厚く報いてくれました。でも、現在はそういう人材をなるべく安く使おうという風潮です。年齢が進み、体力がなくなってくればリストラという名のポイ捨ての対象になってしまいます。

それならば、自分なりのひと工夫、プラスアルファの努力をしましょう。

営業なら、売れている人のマネをすればいいでしょう。彼らは無策で1日に何百件も回っているわけではないとわかるはずです。

あるいは、言われた作業への改善案を提案したり、部署移動の希望を出し続けてもいい。ルーティンワークをこなしながら、週末は自分の将来に向けた努力をすることだってできるでしょう。

考えているつもりが、脳はまったく動いてない！

仕事では、予想外の難題にぶつかる場面もあると思います。

そこで頭を抱えて、解決策を考える。何日も、何日も考えるとします。でも、できもしないことを考えるのは、労力と時間のムダ使いです。

ある脳研究で、本人が解決法を知らない難問にウンウン唸っていても、まったく脳の血流が増えない、つまり脳が働いていないという結果が発表されました。

つまり、本人は考えているつもりでも、実際は考えてないのです。

棋士の藤井聡太さんの長考中なら、頭の中で何十ものシミュレーションをして、血流が増えているはずです。でも、将棋の定石を知らない人が、同じ盤面を見ても脳が働くわけがありません。

仕事も同じ。手に負えない難題を、いつまでも1人で抱え込むのはムダな努力です。早めに上司に相談するなり、経験者にアドバイスを仰ぐことが正しい努力なのです。

60歳からの仕事の壁
No.26

個　性

1年後すら危ない人の考え方

「ナンバーワンよりオンリーワンがいい」

⇦

10年後も食える人になるには

向上心を停止させるだけの、ヘタなプラス思考はしない。マイナス面を認めてこそ、成長し続ける人になれる。

ひとりよがりのオンリーワン、それでいいの？

ときに「ナンバーワン」より「オンリーワン」がもてはやされる場面がありますが、私には、努力をしない言い訳に聞こえることがあります。

上位を目指すことで、競争して自分を高めるのではなく、現状の自分を無条件で認めてほしい。そんな甘えた気持ちも感じるのです。

そのままの自分でいいといっても、本当に幸せなのかどうかは絶対に考えなければいけないでしょう。周囲から侮られ、頼りにされないのでは、オンリーワンといってもひとりよがりに過ぎません。

また自分のやりたいことがやれずに我慢をしているのに、いまのままで十分と強がるのは、人生の可能性を自ら閉じているだけです。

もちろん、自分を肯定することは、心理学的には大事です。

たとえば、森田療法という心理療法では、ありのままの自分を受け入れた先に自分の長所で勝負することを勧めていますし、創始者の森田正馬《まさたけ》先生は、「ある種の性格特性や、持って生まれた業を受け入れよう」と言ったとされています。

ただし、自分の短所を受け入れるだけでは足りません。そのあと、長所にうまく変換して自分を活かすのです。

誰でも短所と長所がある。これはコインの裏表と同じです。

たとえば、新しいチャレンジになかなか踏み出せない気質ならば、臆病さや保守的な自分を認めればいい。そのうえで、人よりも慎重にリスクを見極める力があるのだ、と分析力を磨く手もあります。行動力のある相手と組んで、お互いを活かす手もあるでしょう。

あるいは、口下手という短所があっても、上っ面の言葉を言わないという長所で人から信頼を得ることもできます。

昨今のオンリーワン主義のように、自分の個性を無条件に肯定するだけでは成長がない。現状のままでいいと思えば、上流に昇るエネルギーは生まれません。

そして、現状維持さえままならず、さらなる下流へと落ちるだけです。

ナンバーワンになれる人の絶対条件とは？

やはり自分を活かすには、努力が必要です。そして、努力を続けるには、目標を設定したほうが伸びるものです。

そうやって自分を知れば、活かす分野も見えてきます。

私の場合は受験勉強法でしたが、ビジネスに限らず、音楽やスポーツ、お笑い、なんでもかまいません。

ただし、苦手な分野では成果も出にくく、やる気が下がります。自分を活かせる分野でナンバーワンを目指して、自分という商品価値を高めるのです。

その意識があれば、多少貧乏でも好きな事だけやっていられて、生活に不自由がなく、譲れないものまで譲らずにすむのなら、あなたの人生は「上流」です。

その状態をキープし続けられることで、さらなる上流へと昇るきっかけになるでしょう。

上位を目指しても、頑張り方を間違えると、いつまでたっても下流のままです。たとえば、つねにプラス思考で考えることはお勧めできません。

毎日のすべてをプラスに受け取る必要はないのです。「仕事でミスしたけど、アイスクリームが食べられて幸せ」とプラスに変換したところで、上に向かう原動力は生まれません。マイナスを認めていい。自分の失敗を悔やんでいい。現実を見つめ、何が悪かったのか検証し、必要なやり方に変えていくことこそ、大事なのです。

そして、ナンバーワンになれる人の絶対条件は、「時間の使い方がうまいこと」です。上流に昇る力をどう養うかというと、4つのコツがあります。

・お金に換算して考える
・本はとりあえず買う
・一匹狼になる
・バカなことを考える

まず、なんでもお金に換算するということは、自分の1日を時給換算して過ごすことです。自分の収入を、労働時間で割れば、時給がわかります。その時給を意識すれば、こなすべき仕事に優先順位がつけられるはずです。

気になる本はとりあえず買う、という姿勢も必要です。買ったら必要なところだけ読めば十分。読みたくない文章を時間をかけてよむことほどバカらしいことはありません。ただ、買っておかないと大事なところにラインを引くなど、本を汚せないから使えないのです。

そして、自分の時間を大切にするには、一匹狼になることを恐れてはダメです。周囲と合わせて生活していれば、下流に安住するハメになります。他人と同じでは抜けられないのです。

トップを目指すなら、どうすれば勝てるのかを考えて、人と違うやり方をすることから夢が広がります。

さらに人から〝バカなこと〟といわれるようなアイデアが、下流から抜け出す突破口になる可能性が高いでしょう。

日本では、その人の立ち位置は家柄や才能だけで確定されるものではありません。誰でも努力しだいでナンバーワンを目指すことができます。

せっかく、そのチャンスがある以上、豊かな人生をつかみましょう！

60歳からの仕事の壁
No.27

幸せ

1年後すら危ない人の考え方
「**人生のピークは若い時代しかない！**」

10年後も食える人になるには
絶頂期はこれからだと考え、幸せになれる参照点をつくる！

〝参照点〟を高くするから〝不幸〟に感じる

人は、年を取れば取るほど、幸せになるようにできている。

医師として30年以上にわたり、病院や介護の場、老人ホームなどで1万人以上の高齢の患者を診てきた私は、そう確信しています。

「そんなはずはない」と反論する人も、もちろん大勢いるでしょう。年を取ったら物覚えは悪くなり、身体も思い通りに動かせず、収入も減ってしまって、いいことなんてなにもないと感じるかもしれません。

それは、自分の若い時を〝参照点〟にしているからです。

心理学者でありながらノーベル経済学賞を受賞した「行動経済学の権威」ダニエル・カーネマンは、人は〝参照点〟を基準に利得か損失かを考える、と言っています。

簡単に言うなら、1億円の資産がある人は、1億円が参照点になり、1万円増えてももっと儲かったのではと不幸に感じがちです。

一方で、1万円しか持ってない人は100円でも儲かれば幸せに感じられます。

高齢になっているのに若いときの感覚を参照点にするのは、いまの資産が1万円なのに1億円を持っていた頃と同じ感覚で生きているのと一緒です。それでは思い通りにならないことだらけですし、あとの人生は損失しかないと絶望してしまうでしょう。

でも、年を取って幸せを感じられる人は、自分の状況に合わせて参照点をどんどん低くすることができるのです。

極端な例を挙げれば、80歳を過ぎると、ただ自分の足で歩けるだけでも幸せを感じる人が少なくありません。それは自分の〝いまの身体の状態〟をリアルに参照点にしているからです。もし80歳なのに若いときの元気な身体を参照点にしていたら幸せなんかこれっぽっちも感じないでしょう。

高齢でも幸せになれない人は参照点の作り方を間違えている場合が多いのです。

たとえば、一部上場企業の元社長が5億円の老人ホームに入ったとします。高級な施設なので介護スタッフは丁寧であり、1日5000円レベルの食事が提供されてサービスは行き届いています。個室も充分な広さです。

しかし、社長であった頃を参照点にしてしまうと、すべては台無し……。

本来至れり尽くせりに見える環境であっても、本人からすれば不満だらけです。スタッフが親切に接しているのに「部下の社員たちはもっと俺を敬っていたんだけどな」と満足できない。5000円の食事とはいえ、高齢者向けですから、栄養やカロリーなども配慮された料理です。その内容を見て「昔は毎日フレンチや焼き肉、中華のコースを食えてたなあ」と考えれば、物足りなさしか感じません。充分なスペースの個室も「タワマン暮らしに比べてみじめだ」とすら思いはじめます。

一方、そこまで恵まれていない環境でも幸せを感じる高齢者もいます。ずっと貧乏暮らしを続けてきて、身体も動かなくなってきて特別養護老人ホームに入所したおばあさん。1日3食を出されることに感謝して、職員が手を引いてくれたら「こんな若い人に親切にされて、なんて私は幸せなんでしょう」と涙ぐみます。

幸せは、資産の多寡ではなく、自分の参照点で決まります。

いまの日本経済にしても、10年以上前のデフレ時代を参照点にして考えるのは、やめたほうがいいかもしれません。確かに290円で食べられる牛丼はなくなりましたが、アメリカのように1杯のラーメンに3000円も払うわけではありません。

過去の日本ではなく、現在の海外を参照点にすれば、世界の先進国で1番ランチが安く食える国は日本なのです。

これからが絶頂期だと楽しみに生きる

50代、60代の人が10年後も食える人になるために、ピークは人生の後ろであればあるほど幸せだと考えてください。

私は医師をしながら、自著も出し続けてきたのでお金に困ったことはありませんが、東大医学部の同窓会に行くと、同級生から見下されたような視線を感じました。彼らからすれば、医学部の出世コースから完全に外れた私は、いわば〝負け犬〟なのです。言葉を選ばずに言えば「お前フリーターだよな」と思われていました。

その価値観で生きている人間には、大学病院で教授になることを諦めて40代で開業する医師も、負け組扱いです。

しかし、64歳になったいま、自分の病院を開業した同期はある程度リッチな生活を送っています。定年も考える必要はありません。

私で言えば、2年前にベストセラーを出せて、いまのところは食うに困ることは考えなくていい生活です。

一方で、勝ち組の中の勝ち組ともいえる東大医学部教授になれた人間が、定年を前にして再就職が決まらなくてアタフタしています。

先ほどの参照点の話でいっても、彼らが次の人生のステージで「東大医学部教授としてチヤホヤされていた頃」を基準にしたら、幸せになることは難しい気がします。

その意味では、後半にピークが来る人生は幸せです。

子役で成功した俳優や、20代で大活躍したアスリートの方々は、その後の人生では参照点を切り替えていかないと、幸せを感じにくくなります。

確実にいえるのは、誰の人生も先のことはわからないということです。

飲食店をやっていた50代の知人が「仕入れルートがダメになったから廃業する」という

から、これからどうするか訊くと「ウーバーイーツの配達員になる」と笑顔で答えました。「月に50万円ぐらいは稼げるから」とのこと。ずっと飲食店の店主をやっていたのに、もう気持ちが切り替わっています。

私だって、いつ落ち目になるかもしれませんが、もう1冊ぐらいベストセラーを書けるかもしれない、また映画を撮りたい、と夢は持ち続けています。

大事なのは、自分の可能性を信じることです。

70代、80代になるにつれ、そのときの自分の老いを受け入れながら、自分が幸せに感じられる参照点を作るのです。

何歳になっても、もう先が見えている、なんて考えたらつまらない。

「自分の絶頂期は、これからの人生にあるんだ」と楽しみながら日々を過ごしましょう。

おわりに

本書を読み終わって、どのような感想を持たれたでしょうか？

食べていける発想とか、お金儲けの発想というのは、意外に自分の考えと大きな違いがないとか、意外にまともなものだと思われた方も少なくないかもしれません。

たしかにそうなのです。100人に1人というと、とんでもなく高いハードルのように思われるかもしれませんが、突飛な、とんがったことを思いつかないとお金持ちになんかなれない、などという気は毛頭ありません。

阪急東宝グループを一代で興した起業家の小林一三氏の名言があります。

「百歩先の見えるものは、狂人あつかいにされる。五十歩先の見えるものは、多くは犠牲者となる。十歩先の見えるものが、成功者である。現在が見えぬのは、落伍者である」

私が本書で言いたかったのも、これに近いものがあります。

スティーブ・ジョブズのような天才を目指す必要はありません。本書で紹介したように、スタバが流行っているときに「喫煙室のついたスタバがあるといいのに」という思いつきを実行できるだけで、大金持ちになれる。

ちょっと発想を変え、生き方を変えるだけで、60歳以降も小金持ちになるチャンスなどいくらでも転がっています。

そして、マスコミや世間の常識にとらわれて、現在が見えない人間にだけはなってほしくないのです。


本書は、雑誌『BIG tomorrow』（青春出版社）の人気連載「儲かる人の法則」を編集し、2012年に単行本として刊行された『10年後も食える人、1年後すら食えない人』を、さらに再編集して新書化したものです。

新書化にあたって改題し、私自身が60代になって経験したこともふまえて大幅に加筆、修正しました。

もともとの雑誌連載は、当時、40回以上を重ねてもネタがつきることなく、私なりに毎月のように金儲けのネタを提供し続けていました。それは、私が街を歩く際にも、つねに金儲けのネタがないかと観察し、思索を続けているから可能なことなのです。

そういう点では、食える、食えないは、頭の良さより生き方の問題なのだとつくづく思うようになりました。

皆様も、同じような発想で成功をつかんでもらいたいと思います。

末筆になりますが、当時の雑誌連載を担当してくださった三石優子さん、奇書の編集の労を取ってくださった仁岸志保さん、佐野裕さん、新書化を担当してくださった石井智秋さんにはこの場を借りて深謝します。

2024年12月

和田秀樹

青春新書
INTELLIGENCE

こころ涌き立つ「知」の冒険

いまを生きる

〝青春新書〟は昭和三一年に──若い日に常にあなたの心の友として、その糧となり実になる多様な知恵が、生きる指標として勇気と力になり、すぐに役立つ──をモットーに創刊された。

そして昭和三八年、新しい時代の気運の中で、新書〝プレイブックス〟にその役目のバトンを渡した。「人生を自由自在に活動《プレイ》する」のキャッチコピーのもと──すべてのうっ積を吹きとばし、自由闊達な活動力を培養し、勇気と自信を生み出す最も楽しいシリーズ──となった。

いまや、私たちはバブル経済崩壊後の混沌とした価値観のただ中にいる。その価値観は常に未曾有の変貌を見せ、社会は少子高齢化し、地球規模の環境問題等は解決の兆しを見せない。私たちはあらゆる不安と懐疑に対峙している。

本シリーズ〝青春新書インテリジェンス〟はまさに、この時代の欲求によってプレイブックスから分化・刊行された。それは即ち、「心の中に自らの青春の輝きを失わない旺盛な知力、活力への欲求」に他ならない。応えるべきキャッチコピーは「こころ涌き立つ〝知〟の冒険」である。

予測のつかない時代にあって、一人ひとりの足元を照らし出すシリーズでありたいと願う。青春出版社は本年創業五〇周年を迎えた。これはひとえに長年に亘る多くの読者の熱いご支持の賜物である。社員一同深く感謝し、より一層世の中に希望と勇気の明るい光を放つ書籍を出版すべく、鋭意志すものである。

平成一七年

刊行者　小澤源太郎

著者紹介
和田秀樹〈わだ　ひでき〉
1960年大阪府生まれ。精神科医。東京大学医学部卒業後、東京大学医学部附属病院精神神経科助手、米国カール・メニンガー精神医学校国際フェローを経て、現在、和田秀樹こころと体のクリニック院長、川崎幸病院精神科顧問、一橋大学経済学部非常勤講師、立命館大学生命科学部特任教授。おもな著書に『「精神医療」崩壊 メンタルの不調が心療内科・精神科で良くならない理由』『老後に楽しみをとっておくバカ』(小社刊)、『70歳が老化の分かれ道』(詩想社)、『80歳の壁』(幻冬舎)など多数。

本文デザイン・DTP　株式会社キャップス

60歳《さい》からの仕事《しごと》の壁《かべ》　青春新書 INTELLIGENCE

2025年1月25日　第1刷
2025年2月25日　第2刷

著者　和《わ》田《だ》秀《ひで》樹《き》

発行者　小澤源太郎

責任編集　株式会社プライム涌光
電話　編集部　03(3203)2850

発行所　東京都新宿区若松町12番1号 〒162-0056　株式会社青春出版社
電話　営業部　03(3207)1916　振替番号　00190-7-98602

印刷・中央精版印刷　製本・ナショナル製本

ISBN978-4-413-04714-2

和田秀樹
青春新書インテリジェンス・話題の書

青春新書
INTELLIGENCE

「精神医療」崩壊
メンタルの不調が心療内科・精神科で良くならない理由

増加の一途をたどる心を病む人びと、
復職しても約半数が再休職する現実…
その深層に切り込んだ一冊。

ISBN978-4-413-04701-2　1080円

老後に楽しみをとっておくバカ

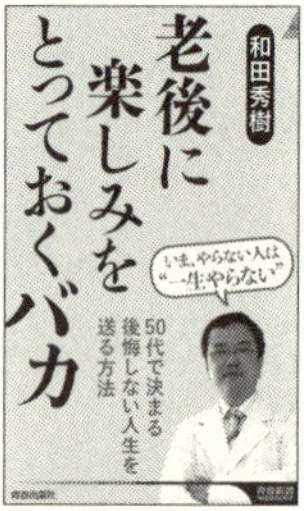

人生は先送りするほど損をする！
一度きりの人生、やりたいことをやりきるための
50代からの生き方・働き方の新提案。

ISBN978-4-413-04691-6　1080円

ストレスの9割は「脳の錯覚」

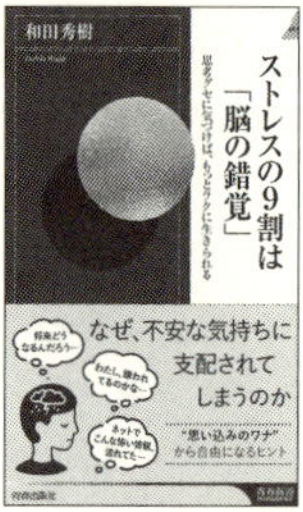

思考グセに気づけば、もっとラクに生きられる

"思い込みのワナ"から自由になり、
ストレスから解放される方法。

ISBN978-4-413-04621-3　1040円

お願い　ページわりの関係からここでは一部の既刊本しか掲載してありません。折り込みの出版案内もご参考にご覧ください。

※上記は本体価格です。（消費税が別途加算されます）
※書名コード（ISBN）は、書店へのご注文にご利用ください。書店にない場合、電話または
Fax（書名・冊数・氏名・住所・電話番号を明記）でもご注文いただけます（代金引換宅急便）。
商品到着時に定価＋手数料をお支払いください。
〔直販係　電話03-3207-1916　Fax03-3205-6339〕
※青春出版社のホームページでも、オンラインで書籍をお買い求めいただけます。
ぜひご利用ください。〔http://www.seishun.co.jp/〕